LH Dr. Josef Pühringer

Oberösterreich gestern und heute

Oberösterreich ist ein wunderschönes Land, vielfältig in seinen Landschaften, bewegt in seiner Geschichte und reich an Kultur.

Dieses Oberösterreich will ich Ihnen näher bringen und mit meinen besten Wünschen überreiche ich Ihnen gerne diese Publikation.

Erst wenn man sich auf die Geschichte eines Landes, auf seine Kultur einlässt, wenn man bewusst sowohl dem Alltag als auch den Besonderheiten des Lebens seiner Bewohner nachspürt, kann man den Charakter, die Eigenart der Menschen einer Region verstehen. Geschichte und Gegenwart, Arbeit und Fest, Brauchtum und Zeitkultur, Kunst und Natur, Wirtschaft und Technik, alles wirkt zusammen und erlaubt Einblicke und Zugänge zu einem Land und seinen Menschen.

Der Band „Oberösterreich – Porträt und Identität eines Landes" ermöglicht solche Einblicke und Zugänge in besonderer Weise durch das Bild und mit einführenden Texten der Autoren. Wesentliche Aspekte unseres Bundeslandes, seiner Geschichte, seiner Kunst, seiner Volkskultur und seiner Naturlandschaft werden durch Beiträge von Dr. Reinhard Mattes und Mag. Reinhold Kräter beleuchtet und bieten Oberösterreich-Informationen aus erster Hand.

Mit vielen neuen Abbildungen zeigt dieses Buch interessante Bildimpressionen der Schätze, Schönheiten und Reichtümer des Landes. Text und Bild laden ein, sich mit Oberösterreich noch näher zu beschäftigen und Oberösterreich besser kennenzulernen.

Mit meinen besten Grüßen

Ihr

Dr. Josef Pühringer
Landeshauptmann

TRAUNER VERLAG
OÖ PUBLIKATIONEN

Reinhard Mattes
Reinhold Kräter

Oberösterreich

Porträt und Identität eines Landes

2. überarbeitete und neu gestaltete Auflage 2007

Köglstraße 14, A 4020 Linz

Umschlagfotos: Heinrich Sperer, Peter Wurst

Lektorat: Karin Schuhmann

Herstellung: TRAUNER Druck GmbH & Co KG, Linz

ISBN 978-3-85487-845-2

REINHARD MATTES ■ REINHOLD KRÄTER

Oberösterreich

PORTRÄT UND IDENTITÄT EINES LANDES

Zukunftsschmiede des Landes –
die Fachhochschule in Hagenberg.
In einer gelungenen Symbiose aus alten Schlossmauern und neuen Konzepten werden die zukünftigen Elektronikspezialisten, Mediendesigner und Informatiker herangebildet.

Architects of the future: the technical college in Hagenberg. Old palace walls join up with modern concepts to house the future electronic specialists, media designers and computer scientists.

Inhalt

Upper Austria: To be seen and discovered

This book is intended to be a portrait of a country, an invitation to understand the region with all its beauty and impressions as well as an opportunity to take a closer look at the history, culture, tradition, art and the people who made and make it what it is.

The pictures play an important role. They show a province in all its natural beauty, its people and its works of art. They allow for an in-depth view of the country, its history and also of the work and culture. It is, of course, a personal view: that of the photographers.

The photos should make all the impressions fall together like the pieces of a giant puzzle made up of detail and broad views showing the province in all its diversity and its particular charm as a region in the centre of Austria.

The images transpose and immediate impressions. However, it was our intention and that of the publishers too, to allow for more depth and detail: hence the comprehensive introductory texts about the history of the province, its culture, art, folklore and the natural environment. The synthesis of photos and text allows for exactly that comprehensive impression and broad access to the identity of Upper Austria.

This is indeed an attractive and dynamic region in the heart of Austria, at the heart of Europe and one well worth getting to know better. You will not forget the experience. We hope that this book encourages you to spend some time paging through and eventually spending some time in this wonderful province.

Reinhold Kräter
Reinhard Mattes

Oberösterreich – sehen – lesen – entdecken

Der vorliegende Bildband „Oberösterreich – Porträt und Identität eines Landes“ ist als Einladung zu verstehen, Oberösterreich näher kennenzulernen, den Schönheiten und Impressionen des Landes nachzugehen und mit Einblicken in Geschichte, Kultur, Brauchtum und Kunst des Landes die Region neu zu entdecken, ihre Menschen verstehen und schätzen zu können.

In allererster Linie sollen die Bilder wirken – Bilder des Landes, seiner landschaftlichen Schönheit, seiner Menschen und seiner Kunstschätze. Bilder also, die intensive Eindrücke vom Land, von seiner Geschichte, von der Arbeit und Kultur Oberösterreichs vermitteln wollen – Bilder, die auch etwas von der persönlichen Sicht der Fotografen auf unser Land wiedergeben.

Damit soll gleichsam wie in einem Puzzle aus einer Fülle von Detailaufnahmen und Einzeleindrücken ein Gesamtbild, ein Porträt des Landes Oberösterreich entstehen und die Vielfalt, Schönheit und der besondere Reiz dieses „Landes in der Mitte“ sollen nachvollziehbar werden.

Die Bilder wirken unmittelbar und ermöglichen einen raschen Zugang und einen ersten Eindruck. Daneben aber und darüber hinausgehend war uns und dem Verlag auch eine gewisse Vertiefung wichtig. Eine ausführlichere Einführung und thematische Darstellung durch Texte zur Landesgeschichte, zur Kultur, zu Kunst, Brauchtum und Natur des Landes. Im Zusammenwirken von Text und Bild, von Impression und Reflexion sollte ein möglichst umfassender Eindruck, ein möglichst breiter Zugang zur Identität Oberösterreichs geschaffen werden.

Oberösterreich ist ein attraktives und dynamisches Land in der Mitte Österreichs, ja in der Mitte Europas, ein Land, das es wert ist, kennengelernt zu werden, ein Land, an das man sich gerne erinnert. Wir hoffen, dass dieser Bildband dazu anregt, sich Zeit für Oberösterreich zu nehmen, zu lesen, zu schauen und schließlich auch Oberösterreich zu besuchen.

Reinhold Kräter
Reinhard Mattes

Sowohl im Inn- als auch im Traunviertel und vereinzelt sogar im oberen Mühlviertel – etwa zwischen St. Martin und Rohrbach – prägen flache bis leicht hügelige Landschaften das Bild, die oft von einzelnen Baumreihen oder kleinen Waldungen durchsetzt sind.

The Inn- and Traunviertel as well as parts of the Mühlviertel are characterised by flat or hilly landscapes interrupted by single rows of trees and small woods.

Oberösterreich

Charakteristik eines Landes

Land zwischen Inn und Enns

Oberösterreich, ein Land mit einer Fläche von 11 979 km², mit seiner Geschichte, seiner Kultur und seinen Menschen zu beschreiben und zu charakterisieren, ist ein reichlich schwieriges, aber auch sehr reizvolles Unterfangen.

Die Gründe dafür liegen bei näherer Betrachtung auf der Hand – Oberösterreich mit seinen etwa 1,4 Millionen Menschen bildet die Mitte mehrerer klar voneinander geschiedener historischer Räume, ohne eigentlich selbst eindeutig definierte Landschaft, geografische Einheit mit klarer Charakteristik zu sein.

Die Grenzen des Landes

Die nördliche Grenze zur Tschechischen Republik bildet die europäische Wasserscheide des Böhmerwaldes, im Osten verläuft die Grenze nördlich der Donau entlang des Weinsberger Waldes durch das Ober- und Niederösterreich verbindende Granitmassiv des Mühl- und Waldviertels, südlich der Donau bildet die Enns die Grenze zwischen den österreichischen Kernländern Ober- und Niederösterreich – eben den alten Herzogtümern Ob der Enns und Unter der Enns. Im Süden des Landes, dem alpinen Teil, grenzt Oberösterreich an die Steiermark, gefolgt vom Bundesland Salzburg im Südwesten, und schließlich bildet der Inn die Grenze im Westen zu Bayern in der benachbarten Bundesrepublik Deutschland.

Dieses so in seinen gewachsenen Grenzen umschriebene Oberösterreich hat Anteil an all den räumlichen, geografischen und historischen Eigentümlichkeiten und Entwicklungen der Nachbarn, stellt Schnittpunkt und Begegnungsraum der das Land umgebenden Kultur- und Wirtschaftsräume dar.

Oberösterreich in Österreich

Auch auf Österreich bezogen ist die Lage Oberösterreichs nie so ganz eindeutig. Oberösterreich liegt weder im Westen noch im Osten, eindeutig im Norden wohl nur mit seinem Gebiet nördlich der Donau und sicher nicht im Süden, von dem das Land durch den Alpenhauptkamm getrennt ist. Oberösterreich ist also, so klar auch heute seine geografische Lage auf Karten zu verorten ist, auch innerhalb Österreichs schwer einzuordnen. Es ist weder dem geografischen noch dem innenpolitischen Westen oder Osten zuzuordnen, sondern als Land sui generis gewachsen, eigenständig und auch in seiner Geschichte unterschieden von den anderen Bundesländern, das Herz, die „Europaregion" Österreichs bildend.

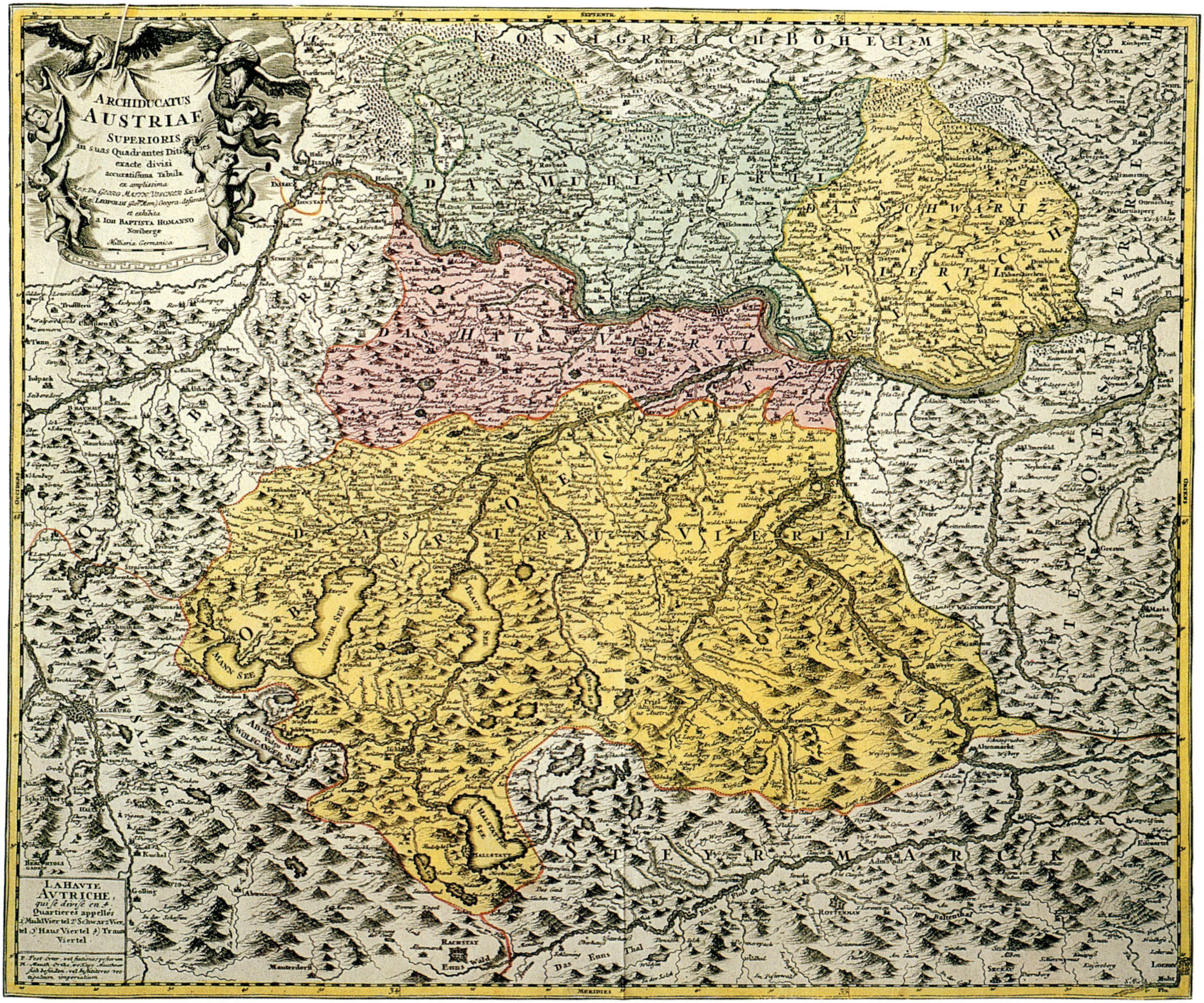

Karte Oberösterreichs aus dem 17. Jahrhundert: In dieser Darstellung ist noch die alte Vierteleinteilung des Landes ohne das später erworbene Innviertel zu sehen.

A 17th century map of Upper Austria showing the old regions without the Innviertel which was only incorporated later

„Land der Berge, Land am Strome, Land der Äcker, Land der Dome …“

Oberösterreich ist „Donauland“, stark mitbestimmt von der Kulturlandschaft des Donauraumes und der West-Ost-Verkehrsachse des Donaustromes von der Grenze bei Passau bzw. Engelhartszell im Westen bis zum Strudengau und zu seinem historischen Hauptort Grein im Osten.

Oberösterreich ist „Alpenland“ – „Land der Berge“. Vom Salzkammergut im Südwesten des Landes mit dem Höllengebirge und dem Dachsteinmassiv über das Tote Gebirge, Sengsengebirge bis zu den Ennstaler Alpen. Im oberösterreichisch-niederösterreichisch-steirischen Grenzgebiet der Eisenwurzen im Südosten hat Oberösterreich Anteil an der Gebirgs- und Karstlandschaft der Kalkalpen.

Oberösterreich ist „Seenland“, das nördliche Salzkammergut, das hügelreiche und von Flüssen durchzogene Alpenvorland ist geprägt von seinen etwa zweihundert, aus eiszeitlichen Gletschermoränen entstandenen, malerischen Seen, die die touristischen Hauptanziehungspunkte des Landes darstellen.

Oberösterreich ist „Flach- und Hügelland“. Vom Innviertel im Westen, über das Hausruckviertel, das Eferdinger Becken, die Welser Heide, den Zentralraum um Linz bis zur Traun-Enns-Platte erstreckt sich die weite, im Westen von Hügeln und Tälern, im Osten zunehmend von flacher Heide-, Fluss- und Tallandschaft geprägte, landwirtschaftlich reiche Kernregion des Bundeslandes.

Oberösterreich ist „Nordland“ – „Waldland“. Nördlich der Donau liegt das Mühlviertel, die wasser- und waldreiche hügelige Landschaft des Gneis- und Granitmassivs, im Norden durch den Böhmerwald begrenzt, der zugleich die Brücke zu Südböhmen bildet.

Aus dieser angedeuteten geografischen Charakterisierung wird klar, dass Oberösterreich nicht mit einem Begriff zu beschreiben ist. Vielmehr erscheint Oberösterreich, das Land in der Mitte, Österreich im Kleinen zu repräsentieren, wie es in der österreichischen Bundeshymne heißt, „Land der Berge, Land am Strome, Land der Äcker …“ zu sein, vielleicht erklären sich auch daraus das besondere Bewusstsein und der Stolz der Oberösterreicher!

Die Vielfalt Oberösterreichs auf einen Blick: Eindrücke von der imposanten Gipfelkette des Höllengebirges, vom Attersee bei Schörfling, vom Hügelland des Mühl- und Innviertels sowie ein herrlicher Blick von der Bärenalm bei Hinterstoder auf die steil aufragenden Gipfel der Spitzmauer und des Toten Gebirges.

Upper Austria's diversity in one view: the impressive peaks of the Höllengebirge, Attersee from Schörfling as well as the view of the Bärenalm at Hinterstoder towards the peak of the Spitzmauer and the Toten Gebirge.

Das „Alpenland Oberösterreich" besticht durch atemberaubende Gipfel und nebelverhangene Täler. Am Hengstpass, unweit der Landesgrenze zur Steiermark, ragen die schroffen Spitzen der Haller Mauern empor, während sich von den sanften Hügeln am Rande des Windischgarstener Beckens herrliche Fernblicke auf das Tote Gebirge eröffnen.

Mit 2995 Metern ist der Dachstein mit dem Hallstätter Gletscher fast ein Dreitausender und damit der höchste Berg Oberösterreichs.

The "Alps of Upper Austria" with their breath-taking peaks and mist-clad valleys. At the Hengstpass, near the Styrian border the ragged peaks of the Haller Mauern appear, while the soft hills round the Windischgarsten basin offer marvellous views of the Tote Gebirge.

The Dachstein with its 2995 m and the Hallstatt glacier is Upper Austria's highest mountain.

Rauschende Wasserfälle und wilde Gebirgsflüsse in unberührter Natur – Das Hintergebirge als Kerngebiet des Nationalparks Kalkalpen ist bekannt für seinen Wasserreichtum. Noch bis in die 60er Jahre des 20. Jahrhunderts wurde an den Flüssen im Hintergebirge Holz getriftet, wobei man sich künstlich hergestellte Verklausungen zu Nutze machte, bei deren Durchschlagen das Holz mit den Wassermassen talwärts getriftet wurde.
Heute ist das Hintergebirge vom Frühjahr bis zum Herbst ein Paradies für Radfahrer und Wanderer.

Wild waterfalls and mountain streams in unspoilt nature: the Hintergebirge as the centrepiece of the Kalkalpen Nature Reserve famous for its abundancy of water. Till the 1960's, wood was floated down the rivers here and artificial locks were used to transport the logs to the valley. Nowadays it is a paradise for hikers and bikers from spring to autumn.

Entlang der Steyr gibt es zahlreiche Beispiele, wie Natur und Menschenwerk zu einem harmonischen Ganzen verschmelzen können und dadurch ein neuer Naturraum entsteht: In den 70er-Jahren heiss umkämpft, ist der Stausee des Kraftwerks Klaus, der sogenannte Elisabethsee, heute ein beliebtes Ausflugsziel, wo vor allem im Frühjahr und im Sommer zahlreiche Bootsfahrten unternommen werden.

The banks of the Steyr River illustrate several examples of how man and nature can combine to a harmonic whole and create new natural habitats. Toughly feuded till the 1970's, the reservoir at Klaus, Lake Elizabeth, has now become a popular attraction especially in spring and summer for people who "enjoy messing about in boats".

Etwa 10 km westlich von Ebensee liegt inmitten der Gebirgslandschaft des Höllengebirges der Langbathsee, ein ruhiges, romantisches Stück Natur im Herzen des Salzkammergutes. Aufgrund der Reinheit und Klarheit des Wassers spiegeln sich nicht selten die Gipfel der umliegenden Bergketten in den Wassern des Sees.

The Langbathsee lies some 10 km west of the mountain range of the Höllengebirge. It is a quiet romantic piece of Nature right in the heart of the Salzkammergut. Its clarity allows the surrounding mountain range to be perfectly reflected.

Bereits in der k. u. k. Monarchie galt der Schafberg als einer der schönsten Aussichtsberge Österreichs und wurde deshalb genauso wie der Schneeberg mit einer Dampf getriebenen Zahnradbahn erschlossen. Vom seinem Gipfel eröffnet sich ein fantastischer Blick über die Seenlandschaft des westlichen Salzkammergutes.

Bereits unter den Römern diente die Route durch das Kremstal und weiter über den Pyhrnpass und den Triebener Tauern als wichtiger Handels- und Verkehrsweg zwischen dem Mittelmeer und den Alpen.

The Krems valley, the Pyhrn Pass and Triebener Tauern had already been used by the Romans as an important trade and traffic route between the Mediterranean and the Alps.

The Schafberg was already popular in the times of the monarchy as one of the most attractive mountains with a view and thus it was that a steam driven rack and pinion railway was set up just like the one on the Schneeberg. The views from the top allowed the visitors to see right into the Lake District of the western Salzkammergut.

Der grösste zur Gänze in Österreich gelegene und damit auch Oberösterreichs grösster See ist der Attersee. Heute ein gefragtes Bade- und Seglerparadies, war der Attersee im 19. Jahrhundert Anziehungspunkt für Künstler wie Gustav Klimt, Gustav Mahler und Christian Ludwig Attersee.

The largest lake in Austria and therefore Upper Austria, is the Attersee which attracted artists like Klimt, Mahler and Christian Ludwig Attersee. It is now popular both for swimming and sailing.

Historische Raddampfer verkehren sowohl auf dem Traunsee als auch auf dem Wolfgangsee (links).

Historic paddle-steamers are not only cruising on Traunsee but even on Wolfgangsee (left).

Vom Sonnstein aus eröffnet sich ein herrlicher Blick auf den Traunsee, der weithin sichtbar vom Traunstein dominiert wird.

Die Gemeinde Traunkirchen ist ein bereits viele Jahrhunderte alter Siedlungsplatz am Traunsee, der mit seinem Kloster zeitweise auch als religiöses Zentrum der Region fungierte.

A wonderful view of the Traunsee and the Traunstein as seen from the Sonnstein

The municipality and settlement of Traunkirchen is centuries old along with its monastery which is made the area a religious centre too.

Oberösterreich – Mittellage und Sonderstellung

In seiner Geschichte und Landeswerdung nimmt Oberösterreich sicher eine besondere Stellung unter den österreichischen Ländern ein, war doch das Land so gut wie nie in seiner Geschichte einheitliches Herrschaftsgebiet, war seine Landeshauptstadt auch nicht Residenz eines Landesfürsten mit einer daraus resultierenden Prägung.

Nicht zuletzt wohl durch seine geografische Lage bedingt, war Oberösterreich seit jeher und zu allen Zeiten immer entweder zur Gänze oder in Teilen im Kraftfeld umgebender, größerer Herrschaftsgebiete, war es Übergangs- und Durchgangszone, Grenzland und Treffpunkt von Kulturen, Völkern und Siedlungswellen, die hier aufeinander getroffen sind, wie zum Beispiel die Bajuwaren und Slawen im 6. und 7. Jahrhundert.
Dieses Zusammenwachsen und Auseinanderdriften hat zu tun mit der „Mittellage" im Schnittpunkt verschiedener Herrschaften, der geistlichen Fürstentümer Salzburg und Passau ebenso wie der Gebiete des bayerischen Stammesherzogtums, der österreichischen Babenberger und der böhmischen Ottokare. Später zwischen Habsburg-Österreich und Bayern gelegen, war das Land Pfandobjekt, begehrte Beute, Kriegsschauplatz und „Schwellenland", vom „eigentlichen" Österreich unter der Enns zum Land der bayerischen Kurfürsten und später Könige, deren Gebiete rechts des Inns, das heutige Innviertel, ja erst mit den Beschlüssen des Wiener Kongresses 1815 endgültig Teil Oberösterreichs wurden.

Auch an der Sprache seiner Menschen ist diese „Mittelstellung" noch zu hören. Im Land werden Dialekte, Mundarten der bajuwarischen Sprachfamilie gesprochen – nicht landesweit einheitlich, sondern regional immer noch deutlich voneinander geschieden und unterscheidbar. So klingt der Oberösterreicher für den bayerischen Nachbarn

aus Passau klar „österreichisch“, dem Wiener hingegen – oft aber auch schon für Linzer Ohren – klingt vor allem der Innviertler durchaus bayerisch!

Dieses Phänomen, das Land und seine Menschen, nicht eindeutig zuordnen, nicht klar umreißen und einfach darstellen zu können, macht das Bundesland Oberösterreich vielleicht vergleichbar mit anderen europäischen Regionen. Sicher mit ähnlichen „Zwischenländern“ und „Übergangsgebieten“ wie Lothringen, dem gesamten alemannischen Siedlungsraum in Österreich, Deutschland und der Schweiz, aber entfernt auch mit Belgien, den ehemaligen spanischen, später österreichischen Niederlanden.

Dort, wie auch hier in Oberösterreich entsteht aus der Lage und historischen Entwicklung etwas Besonderes, ein ganz und gar eigener Landesbezug der Menschen, der nicht auf ein politisches Territorium, nicht auf ein Herrschergeschlecht und auch nicht auf einen Zentralraum, eine Residenz gerichtet ist.

LANGE ZEIT AUCH OBERÖSTERREICHS BISCHOFSSITZ, HEUTE BAYERISCHE GRENZSTADT IM WESTEN: PASSAU, DIE DREI-FLÜSSE-STADT AN INN, DONAU UND ILZ.

PASSAU, ONCE THE BISHOPRIC OF LINZ, NOW A BAVARIAN BORDER TOWN IN THE WEST SITUATED ON THREE RIVERS: THE DANUBE, INN AND ILZ.

WEITE TEILE DES TRAUNVIERTELS WERDEN VOM SOGENANNTEN „VIERKANTHOF“, EINER FÜR OBERÖSTERREICH TYPISCHEN HOFFORM GEPRÄGT. ZUSAMMEN MIT DEN ABGEERNTETEN FELDERN ERGEBEN SIE – AUS DER LUFT BETRACHTET – EIN UNVERWECHSELBARES LANDSCHAFTSMOSAIK.

THE “FOUR-SIDED FARMHOUSE” (VIERKANTHOF) IS TYPICAL OF THE TRAUNVIERTEL. SEEN FROM THE AIR ALONG WITH THE SURROUNDING HARVESTED FIELDS, IT MAKES A BEAUTIFUL LANDSCAPE MOSAIC.

Oberösterreich ist nicht nur ein dynamischer Wirtschaftsstandort, sondern über weite Teile auch noch agrarisch geprägt. Seit Jahrhunderten hat der Mensch mit seiner Arbeit und seinem landschaftsgebundenen Bauen die fruchtbare, nur leicht hügelige und Ruhe ausstrahlende Kulturlandschaft im Zentralraum geformt und damit einen wichtigen Beitrag zum Werden des Landes geleistet.

Upper Austria is not only a dynamic commercial centre but largely still agricultural. The farmers have tilled the fertile soil here for centuries on the peaceful and slight hilly landscape and thus played their part in producing a valuable sector in the making of the province.

FARMER 410

Die Donau, nicht nur Hauptstrom Österreichs, sondern auch Lebensader Oberösterreichs ist, nicht erst seit der Errichtung des Rhein-Main-Donaukanals, ein wichtiger Handelsweg quer durch Europa.
Die malerischen Orte und Märkte an der Donau (Grein, oben, und Ottensheim, unten) stellen zusammen mit der Landschaft des Donautals reizvolle Ausflugsziele dar.

The Danube, the main river of Austria is also the main artery of Upper Austria and not just since the opening of the Rhein-Main-Danube Canal, one of Europe's main transport routes. Romantic little towns like Grein (above) and Ottensheim (below) are popular places now for day trips.

Im Eferdinger Becken noch gemächlich dahinfliessend durchquert die Donau anschliessend bei Wilhering die sogenannte „Linzer Pforte“, ein etwa 10 km langer Abschnitt, bei dem das Granitmassiv des Mühlviertels auch noch südlich der Donau Fortsetzung findet.

Die Landeshauptstadt Linz liegt östlich dieser Engstelle den Strom beherrschend, den Fluss überbrückend, mit und am Wasser lebend.

The Danube passes through the Eferding basin to open up after Wilhering into the so-called Linz Gateway, a 10-kilometre section lined with the granite of the Mühlviertel.

The capital city, Linz, lies to the east of this narrow stretch of river, dominating the river and spreading out along both its banks.

Stimmungsvolle Impressionen aus Linz: In der Donaukrümmung, unweit des Stadtzentrums, spiegelt sich die geballte Kraft der hochsommerlichen Abendsonne wider; der Maria-Empfängnis-Dom, das zweithöchste Kirchenbauwerk Österreichs, wird glutrot erleuchtet.

Impressions of Linz: the bend in the Danube, near the city centre reflects the glow of a summer sunset; the Cathedral of Linz dedicated to the Conception of the Virgin, the second largest church in Austria, is bathed in ruby light.

Auch die im Norden von Linz anschliessenden Hügeln des Mühlviertels und der Linzer Hausberg, der Pöstlingberg mit seiner Wallfahrtskirche, werden von der Abendsonne in ein warmes, goldenes Licht getaucht.

The hills to the North of Linz in the Mühlviertel including the Pöstlingberg, Linz's very own "mountain" with its pilgrimage basilica are bathed in a golden evening sunlight.

Von den Kuppen und Höhen des nördlichen Granitmassivs bieten sich dem Auge herrliche Blicke in die Weite des Landes. An klaren Tagen reicht der Blick über den Zentralraum und das Alpenvorland bis zu Alpen.

The peaks and hills of the granite massive allow for a good view into the depth of the countryside. On clear days, one can see as far as the Alps and the foreland thereof.

Schier unendliche Wälder und Wiesen, tiefe Täler und windige Höhen, einzeln stehende Gehöfte – all das ist prägend für das Obere Mühlviertel.

Endless forests and pastures, deep valleys and windy heights, single farmyards: that is the essence of the Upper Mühlviertel.

Ein Land prägt seine Menschen, der Mensch formt die Natur. Fruchtbare Böden bilden die Grundlagen für produktive bäuerliche Arbeit – Basis für den Wohlstand der Menschen, der auch im Bauen, Wohnen und Leben zum Ausdruck kommt.

Landscape forms people and people again form the landscape. Fertile earth is the basis for all agricultural work, the basis for prosperity which is expressed in the way people build and live.

In den sanft ansteigenden Hügeln des Alpenvorlands und in den engen Tälern der Gebirge dominieren Viehzucht, Grünland- und Milchwirtschaft, während der Ackerbau nur sehr untergeordnete Bedeutung hat.

Der Ackerbau hingegen dominiert vorwiegend im Zentralraum und im Traunviertel, in Form von Roggenanbau teilweise auch im Mühlviertel.

The soft hills of the Alpine foreland and the narrow valleys of the mountains are the home of stock farming, pasture and dairy farming while agriculture plays a less important role.

Crop farming, on the other hand, is important in the central area and the Traunviertel, the main crops being rye.

Den „Körndlbauer", also den vom Ackerbau lebenden Bauer, begleitet das Goldgelb auf vielen seiner Wege – während der Reife und nach der Ernte des Getreides und abends, wenn die letzten Sonnenstrahlen auf das Bauernhaus treffen.

The crop farmer is constantly accompanied by the colour yellow: while the crops ripen, after the harvest and in the evenings with the last rays of sunshine on his farm house.

Auf langen Stangen emporragende Hopfenplantagen sind in erster Linie für das obere Mühlviertel charakteristisch, während die Grünlandwirtschaft (links) für das gesamte Bundesland typisch ist.

Hops grow on high fences and are characteristic of the upper Mühlviertel while pasture (left) is typical for the rest of the province.

Nischenprodukte wie Schafhaltung, Pferdezucht und Hopfenanbau – Spezialisierung, Qualität und viel persönlicher Einsatz helfen den oberösterreichischen Bauern am Markt zu bestehen.

Sheep farming, horse stud farms and hops are all specialities which take place on a small scale and need more personal care by the farmer in order to compete on the market.

Die Vielfalt des Landes findet ihre Entsprechung auch in den traditionellen Bauformen und den regionstypischen Baustoffen wie dem Stein im Mühlviertler Dreiseithof (oben links), dem Holz im Salzkammergut und im Innviertel und dem Ziegel im Hausruck oder beim Traunviertler Vierkanter.

The diversity of the countryside is expressed in the traditional forms of farm houses and buildings like the stone walls of the "three-side farmhouse" (above, left) in the Mühlviertel. Wooden constructions are to be found in the Salzkammergut and Innviertel and bricks are used in the Hausruckviertel and in the Traunviertel "four-side farmhouse".

Originelle Muster und Verzierungen machen aus reinen Gebrauchsgegenständen Objekte von ästhetischem Wert.

Original patterns and decorations give day-to-day objects aesthetic value.

Viele Baudenkmäler Oberösterreichs sind Zeugen einer langen und erfolgreichen Tradition von Industrie und Gewerbe im Land:

Der aus Anlass der Landesausstellung 2006 frisch restaurierte Kohlebrecher Buchleiten von Ampflwang (links), der Speicher der Innerberger Hauptgewerkschaft in Weyer (Mitte rechts), das Lebzelterhaus in Steyr (rechts unten) oder die Bruckmühle in Pregarten (ganz rechts), heute ein Kultur- und Veranstaltungszentrum.

Many of the buildings in Upper Austria are witnesses of a long and successful tradition of trade and industry in the province.

The freshly restored coal breaking works of Buchleiten in Ampflwang, as part of the Provincial Exhibition of 2006 (left), the silo of the Innerberger Central Trade Union in Weyer (centre right) and the gingerbread bakery in Steyr (below right) or the Bridge Mill in Pregarten (extreme right), now a cultural centre.

ANNERBERGER STADL

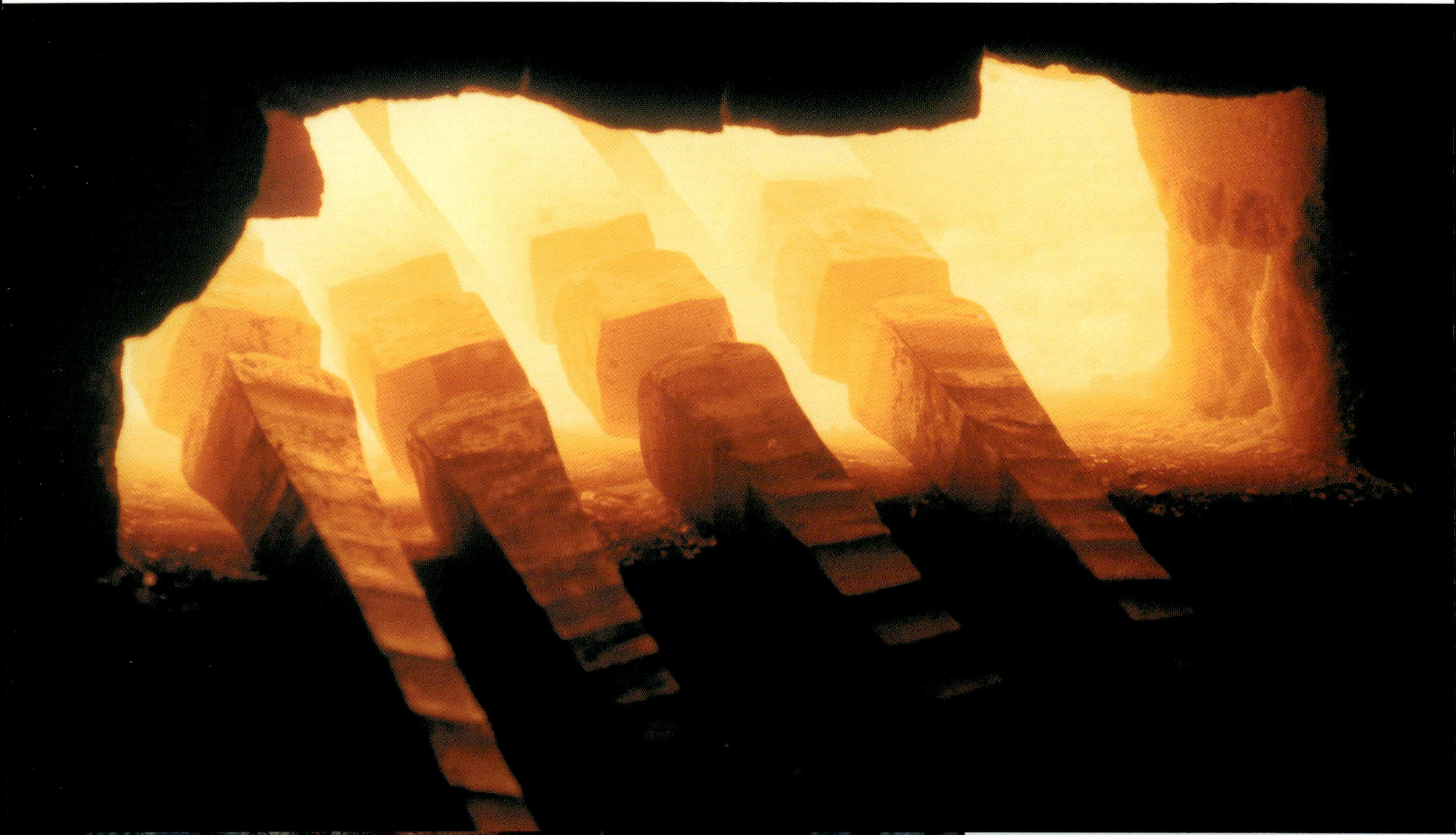

Eisen und Stahl haben Tradition und Zukunft im Land ob der Enns. Von der noch bis zur Hälfte des zwanzigsten Jahrhunderts üblichen Herstellung der Eisenwaren in der bäuerlichen Schmiede, mit Esse und Blasbalg, bis zum modernen, in Linz erfundenen LD-Verfahren in der VOEST war es zwar ein weiter Weg, doch gerade mit diesem Unternehmen besitzt Oberösterreich heute einen wirtschaftlichen, international äusserst erfolgreichen Global Player, der viel zur Dynamik des Wirtschaftsstandortes Oberösterreich beiträgt.

Iron and steel enjoy a long tradition in the province. It ranges from the old method of producing iron in the country smithies, methods used until the middle of the 20th century, right to the modern LD-method, an invention "made in Linz" in the local VOEST, now an extremely successful global player which has done much to add to the dynamics of the industrial site of Linz.

Oberösterreich ist als modernes, zukunftsträchtiges Industrieland auch ein begehrter Standort national und international operierender Konzerne. Der Einsatz modernster Technologien – in Industrie, Gewerbe und Handwerk – ist nicht zuletzt Ausdruck der Innovationsbereitschaft seiner Bewohner.

Upper Austria is a modern and future-oriented industrial province and a much-desired site for national and international concerns. The use of modern technology in industry, trade and manufacturing illustrates the innovative spirit of its people.

„Just in time“ – also ganz nach Bedarf und ohne grosse Lagerhaltung wird in Oberösterreichs wichtigsten Industriebetrieben produziert, verpackt und transportiert.
Im Bild (oben) die Lenzing AG, international bedeutsamer Hersteller von Kunstfasern, und (rechts) das BMW-Motorenwerk in Steyr, in dem ein Grossteil der Motoren der Automarke aus Bayern hergestellt wird.

„Just in time“: production, packing and transport according to specific requirements in Linz's most important industry.
Lenzing AG (above) is an internationally renowned producer of artificial fibre and the BMW Motor Factory in Steyr in which the majority of the motors for the Bavarian car manufacturers are produced.

Die Donau, einer der längsten und bedeutungsvollsten Ströme Europas, liefert eine wichtige Grundlage für die Energieerzeugung und den Handel im Land: In fünf Kraftwerken am oberösterreichischen Donauabschnitt wird elektrische Energie erzeugt, die Schleusen werden täglich von dutzenden Lastkähnen passiert, die einen beachtlichen Warentransport vom Rhein zum Schwarzen Meer und umgekehrt bewältigen.

Das älteste Donaukraftwerk, Jochenstein (oben), verbindet nur wenige Kilometer stromabwärts von Passau das deutsche und österreichische Ufer.

The Danube, one of the longest and most important rivers of Europe supplies energy and transport for trade and industry in the province: there are five hydro-electric schemes on the Upper Austrian section of the river, dozens of barges use the locks every day bringing cargo from the Rhine to the Black Sea.

The oldest hydro-electric scheme Jochenstein (above) joins the German and Austrian banks of the river just a few kilometres downstream from Passau.

Mit dem Bau des Rhein-Main-Donaukanals wurde die Donau Teil der bedeutendsten kontinentalen West-Ost-Verkehrsachse Europas. Oberösterreich und das benachbarte Bundesland Niederösterreich haben die Chance genutzt und mit dem Donauhafen in Enns einen Warenumschlagplatz von zentraler Bedeutung geschaffen. Viele qualitativ hochwertige Produkte unseres Bundeslandes können von hier aus über die grossen Häfen an den Küsten in die ganze Welt verschifft werden.

The construction of the Rhine-Main-Danube Canal made the Danube one of the most important continental East-West transport routes. Upper and Lower Austria seized the opportunity of creating a new harbour and cargo turnover site at the harbour on the Enns. Many high quality products of our province can reach the far corners of the globe from here.

Oberösterreich als dynamischer Wirtschaftsstandort braucht internationale Verkehrsverbindungen: Neben Hochleistungsschienenstrecken und grosszügig angelegten Strassen macht auch der Blue Danube Airport in Linz-Hörsching Oberösterreich zu einer Drehscheibe des Verkehrs. Am Beginn des neuen Jahrtausends wurden mit der Welser Westspange (rechts oben), der Umfahrung Perg (rechts innen) und dem dreispurigen Ausbau der Westautobahn wichtige Strassenbauvorhaben realisiert.

As a dynamic industrial site, Upper Austria requires international transport connections: the Blue Danube Airport in Linz-Hörsching connects Linz with the rest of the world along with the high-speed railway line and the motorways.
The beginning of the new millennium saw the Wels Western by-pass (above right) and the Perg by-pass (right inner photo) completed and the West Autobahn extended to three lanes.

Betz
Enns Steyr

Einkaufen, Freunde treffen, Flanieren, Ausspannen – die historischen Stadtzentren von Vöcklabruck (oben), Wels (unten) oder auch Steyr und Freistadt bieten hierfür das ideale Ambiente.

An der Peripherie der grossen Städte hingegen entstehen riesige Freizeit- und Einkaufszentren, „Shopping als Erlebnis“ lautet die dort propagierte Devise.

Shopping, meeting friends, browsing and relaxing: the historical city centre of Vöcklabruck (above), Wels (below) and Steyr allow for the ideal atmosphere.

The ultimate “shopping experience” is catered for in the large leisure and shopping centres on the peripheries of many big towns.

PLUSCITY
EINFAHRT
EINFAHRT

Handwerk, so sagt man, hat goldenen Boden. Gerade am Wirtschaftsstandort Oberösterreich kommt Gewerbe und Handwerk neben Industrie und Handel eine entscheidende Bedeutung zu. Die Palette an Handwerks- und Gewerbebetrieben reicht vom k. u. k. Zuckerbäcker in Bad Ischl (links) über den Schuster (rechts) und den Büchsenmacher (rechte Seite, oben) bis hin zu so seltenen Gewerben wie dem Dachrinnenhacker, der aus geschälten Baumstämmen Holzdachrinnen anfertigt.

Handicraft always pays off: manufacture on a smaller scale has always played an important role in Upper Austria alongside the greater industries. It ranges from the confectioners at Bad Ischl (left), the cobbler (right) and the gunsmith (right page, above) to the rare skills such as drain pipe production in which logs are hollowed out to form drain pipes.

Zipfer
Sepp Wallergraber
SERVICE

Die Johannes-Kepler-Universität (links) in Linz ist als moderne Campus-Universität mit Schwerpunkten in Wirtschafts- und Sozialwissenschaften, Rechtswissenschaften und Technik eingerichtet. Enge Kooperationen mit der Wirtschaft, intensiver Kontakt und Austausch mit Universitäten in Europa und den USA zeichnen die Universität Linz mit ihren rund 20 000 Studierenden aus.

The Johannes Kepler University (left) in Linz is a modern campus university with its main subjects being Commerce, Social Science, Law and Technology. Close co-operation with trade and industry as well as student exchange programmes with the USA and Europe are the characteristics of this university with its 20 000 students.

Oberösterreich – Land der Bildungschancen: Neben den Fachhochschulen in Wels, Steyr und Hagenberg (rechts) bieten auch die Katholisch-Theologische Privatuniversität, die Anton Bruckner Privatuniversität und zwei Pädagogische Hochschulen (oben die Pädagogische Hochschule der Diözese Linz) Ausbildungsmöglichkeiten für Studierende.

Upper Austria is a province of education. Technikons in Wels, Steyr and Hagenberg (right), the Catholic Private University, the Anton Bruckner Private University and two Teacher Training Colleges (above the Teacher Training College of the Diocese of Linz) provide a large scope for students.

Der Oberösterreicher

Aus der landschaftlichen Vielfalt heraus, aus der Distanz zu den historischen politischen Gewalten und staatlichen Zentralen, aus der relativen Freiheit und Stärke der Landstände und des Landadels, der vielen Städte und Märkte, mit seinen starken Klöstern und später auch durch blühende Industrie entstand oberösterreichische Eigenart.

Der Oberösterreicher liebt sein Land, er ist selbstbewusst, offen und ehrlich, manchmal direkt bis zur Schroffheit. Er ist tüchtig, lebensgewandt, zielstrebig, innovativ und erfolgreich. Sein Patriotismus ist von besonderer Art – auf sein Land, das Land ohne Superlative gerichtet, treu und doch auch gepaart mit der Bereitschaft zum Aufstand und zur Revolte. Heimatliebe und Heimatstolz verbinden sich mit Weltoffenheit und Internationalität einerseits, aber auch mit Ressentiments gegenüber vermeintlicher Bevormundung durch die „Zentrale Wien" andererseits.

Der Oberösterreicher lebt in einem schönen und reichen Land, und er weiß das. Die Menschen des Landes, die Bauern und Bürger, Händler und Arbeiter, der Adel und die Stifte, nicht Herrscher und Fürsten haben Oberösterreich geprägt und gestaltet. Bis in die Gegenwart beziehen die Landesbürger aus dieser Entwicklung ihre ganz besonderen Stärken! Mit dieser Kraft haben die Oberösterreicher die rasante und revolutionäre Entwicklung von der Agrarprovinz zum Industrieland geschafft, die Teilung des Landes in US-amerikanische und sowjetrussische Zone von 1945 bis 1955 überwunden und haben schließlich Oberösterreich zum Industrie- und Forschungszentrum, zur wirtschaftlich und kulturell blühenden und dominierenden europäischen „Vorzeigeregion" entwickelt.

So erscheinen Oberösterreicher und Oberösterreicherinnen geprägt sowohl von bayerischer Zielstrebigkeit als auch österreichischer Verbindlichkeit. Sie sind traditionsbewusst und zugleich weltoffen, stolz und doch ohne Chauvinismus, auf sich selbst vertrauend, in sich selbst ruhend und zugleich Motor und Vorbild für ihre Nachbarn – zur oberösterreichischen Erfolgsgeschichte in Kultur und Bildung, zur landschaftlichen Vielfalt und Schönheit, zum Wohlstand der Menschen und der Wirtschaft stellt sich wie selbstverständlich die Liebe zum Land und zur Heimat ...

"... Hoamatland. I han di so gern,
wiar a Kinderl sei Muada,
a Hünderl sein Herrn ..."

Oberösterreich ist nicht zuletzt deshalb ein Bundesland, in dem junge und alte Menschen, traditionsbewusste und innovative gleichermassen gerne leben. Generationenkonflikte und sozial motivierte Spannungen, wie es sie heute in vielen Ländern Europas gibt, sind hier unbekannt.

Young and old, the traditional and the more modern like to live in Upper Austria. Generation conflicts and social tensions are virtually unknown here.

In Oberösterreich ist die Lebensqualität überdurchschnittlich hoch. Das Land schöpft aus einem reichen kulturellen Erbe, die Wirtschaft floriert und die Natur ist noch weitgehend intakt.

The quality of life is above average in Upper Austria. Its takes its inspriration from a rich cultural heritage, a flourishing industry and an unspoilt natural habitat.

A PROVINCE AND ITS PEOPLE
AN ATTEMPT TO DESCRIBE UPPER AUSTRIA IN THE PAST AND IN THE PRESENT

Describing Upper Austria, a province covering some 11 979 square kilometres, with its history, its culture and its people is a difficult task but one that is very challenging indeed.

The reasons for this are easily explained – Upper Austria with its population of 1,4 million is the centre of differing historical regions without having one clear defining and combining characteristic itself.

The Borders of the Province

The Northern border towards the Czech Republic is the European watershed of the Bohemian Forest, the Eastern border runs north of the Danube along the Weinsberger Forest and through the granite massive of the Mühlviertel which binds Upper and Lower Austria and south of the Danube, the Enns River is the border between Lower and Upper Austria as it was in its former title of duchy "above and below the Enns".

To the South, the alpine area, the province borders Styria, followed by Salzburg in the South-West and the border in the West is Bavaria in the Federal Republic of Germany. Considering these borders, it is easy to see how Upper Austria takes part and includes parts and characteristics of its neighbours, being the centre of all these regions as crossroads and exchange place in a cultural and economic sense.

Upper Austria in Austria

Upper Austria's position as it lies in Austria as a whole is not such a clear picture. It lies neither in the West nor in the East but definitely in the North with most of its territory south of the Danube and not south of the Alpine Range which divides the country as a whole. Considering all that, it is indeed a difficult matter placing the province in the country. It cannot be regarded as being in the East or the West, geographically or politically, but rather as a province sui generis, independent and differing from the other provinces in its history; it is "Europe's heart" of Austria.

Upper Austria's Landscapes

Upper Austria is Danube country – the culture of the Danube and its West-East axis of transport of this great European river flows from the border at Passau and Engelhartszell through the Strudengau to Grein in the East.

The province is also Alpine: from the Salzkammergut in the South-West with its Höllengebirge and the Dachstein Massive, across the Tote Gebirge, Sengsengebirge to the Ennstaler Alps. The border region between Upper and Lower Austria and Styria of the Eisenwurzen in the South-East enables the province a part of the dry and chalky cliffs of the northern Alps.

Upper Austria is also Lake District: the Northern Salzkammergut, with its hills and rivers in the pre-alpine area is characterised by its some 200 pictoresque lakes, remnants of Ice Age glacier tracks. These, needless to say, are extremely popular tourist ressorts.

The province is also flat and hilly: the Innviertel in the West, across to the Hausruckviertel, the Eferding Basin, the Wels plateau and the central area around Linz, across to the Traun-Enns plateau. Here a long range of hills and valleys is to be found, flattening off then towards the East where heather, rivers and valley landscapes are to be found and where the richest agricultural districts lie.

Upper Austria is also a kind of "North land" and forest landscape. To the North of the Danube, lies the hilly Mühlviertel covered with forests as part of the granite massive. The border to the North is the Bohemian Forest and serves at the same time as a bridge to Southern Bohemia.

From this description it can be clearly understood that it is certainly not easy to describe the province with one adjective.

It is more of a province in the middle, representing Austria as a whole in miniature as is sung in the National Anthem: "Country of mountains, country of rivers, country of fertile fields ... " and possessing a little of all that makes the country what it is, makes for Upper Austrian pride.

Upper Austria – Central and Exceptional Position

The province has an exceptional position amongst the other provinces of the country in respect to its history and formation although its territories were never united and its capital never a residence.

Due to its position it was through the ages either partly or as a whole in possession of some realm of power. It was a thoroughfare and highway for other powers, it was a meeting place for different cultures, peoples and waves of different settlements like the Bavarians and Slavs who settled here in the 6th and 7th centuries. This continuous coming together and drifting apart has something to do with the provinces central position at the crossroads of ruling houses, the prince bishops of Salzburg and Passau as well as the areas of the Bavarian dukes, the Austrian Babenbergs and the Bohemian Ottokars. Later it was a pawn between Habsburg-Austria and Bavaria, a desired object of booty, battlefield and threshold between proper Austria "below the River Enns" and the country of the Bavarian Electors and later kings whose territories to the right of the Inn (today's Innviertel) only were finally returned to Austria at the Congress of Vienna in 1816.

This central position can even be heard in the way people speak. Here Bavarian dialects and vernacular are spoken and these again vary from district to district. The Upper Austrian sounds very Austrian for the people of Passau in Bavaria while the Viennese and even the Linz folk think it sounds a bit Bavarian.

This peculiar position of not fitting to one description makes the Upper Austria easily comparable with other European cross-over territories like Lothringen and the allemannic areas of settlement in Austria, Germany and Switzerland, as well as Belgium which, long before its independence, was first Spanish and later Austrian.

Was könnte die landschaftliche Vielfalt Oberösterreichs besser charakterisieren als ein Blick aus dem Sportflugzeug vom Alpenvorland über den Traunsee hinein bis ins Tote Gebirge.

What could illustrate the diversity of Upper Austria better than this bird's eye view across the Alpine foreland towards the Traunsee and the peaks of the Tote Gebirge.

Both here and there, a unique historical development has taken place in which people feel bound not to a territory, nor a noble family or a residence of a residing monarch.

The Upper Austrian as such

The province has a unique position of independence stemming from its variety of landscape, distance to political and central state powers, the relative freedom and strength of the estates and the local nobility, the numerous towns and markets, mighty monasteries and later, the flourishing industry.

The Upper Austrian loves his province, he is confident, open and honest, direct to the point of rudeness. He is industrious, full of life, goal-orientated, innovative and successful. His patriotism is a special one: proud of his province without praising it to the superlative, faithful yet willing to revolt. Love of one's country and pride are combined with openess and internationality yet resisting what might be considered as interference from Vienna.

He lives in a beautiful and wealthy province and he knows that! The people of the province, be they town or country folksmen, traders or workers, nobility and monasteries have gone to make the province what it is and not the rulers and princes. It is from this that the Upper Austrians draw their strength. This prowess has enabled them to develop rapidly from an agricultural province to one that boasts top industry. It went to help them overcome the division between an American and a Russian zone from 1945 to 1955 and finally to advance the province to a top-rank industrial and research centre, an economic and cultural highlight, to be a prime European region.

So it is that the people of the province are endowed with Bavarian drive and Austrian diplomacy. They are conscious of their traditions and open to the world around them, proud but not chauvinistic, self-reliant and well rounded as driving force and example to their neighbours. The Upper Austrian's success story in the fields of culture and education, the variety in landscape and beauty, prosperity and economic prowess is all closely bound with their love of their province as is expressed so aptly in their anthem.

"Home county, I love thee so much, like a child loves its mother, like a dog its master ..."

Rast am Borsee – Der Nationalpark Kalkalpen, im südlichen Oberösterreich gelegen, umfasst einen der am wenigsten von Menschenhand kultivierten Naturräume im gesamten Bundesland. Auf einer Handvoll Wegen hat der Wanderer die Möglichkeit, diese bezaubernde, unberührte Landschaft zu entdecken und an einem der zahlreichen Weiher und Tümpel zu rasten.

Taking a rest on the Borsee – the National Park of the Kalkalpen in the south of Upper Austria is one of the largest areas in the province which has remained untouched by man. Very few tracks allow the rambler to enter into and enjoy the unspoilt surroundings and the numerous ponds are inviting to take a rest.

Neben der schützenswerten, unberührten Naturlandschaft gibt es in Oberösterreich auch viele Regionen mit einer schonenden, naturnahen landwirtschaftlichen Nutzung: So hat zum Beispiel der Hopfenanbau im oberen Mühlviertel in den letzten Jahren ein Comeback gefeiert.

Besides the many untouched and protected landscapes, there are many areas which are extremely attractive even though they are used for agriculture in a minimalist way like the cultivation of hops in the upper Mühlviertel which has enjoyed a comeback in the last few years.

Eine Rekonstruktion der Wohn- und Arbeitswelt der ersten Zeugen einer sesshaften Kultur sind im Turmmuseum Leonding zu sehen.

A reconstruction of the world of the first settled cultures in the Tower Museum in Leonding.

Oberösterreich in der Geschichtes

Das Werden des Landes

Ur- und Frühgeschichte

Zum Verständnis eines Landes, zum Kennenlernen ist ein Gang durch die Geschichte unerlässlich. Die Geschichte, das gefundene, ergrabene, erlesene, erforschte und bearbeitete Wissen und Gedächtnis eines Landes ist immer mehr als bloß Vergangenes – immer und überall wirkt Geschichte in unterschiedlichsten Formen weiter, erklärt Entwicklungen, verweist auf die Gegenwart, ihre Fragen und Herausforderungen und erhellt da und dort auch die Zukunft. Geschichte eines Landes, insbesondere die Geschichte Oberösterreichs, ist nicht nur Gegenstand der Wissenschaft und Forschung, Geschichte ist Leben und wie dieses nicht einer linearen, stringenten Logik, dafür aber oft eigenen Gesetzmäßigkeiten folgend und unterworfen.
Die in der allgemeinen Charakteristik Oberösterreichs festgestellte „Mittellage“, Sonderstellung und Vielfalt des Landes spiegeln sich auch und besonders in der Landesgeschichte und Landeswerdung wider.

Die ersten Spuren menschlicher Besiedelung reichen in die frühe Steinzeit zurück, die ältesten Steinwerkzeuge des Zeitraumes von etwa 65 000 bis 30 000 v. Chr. stammen aus der Rameschhöhle im Toten Gebirge.

Die Fülle an Belegen der durch Ackerbau geprägten Jungsteinzeit zeigt den enormen Aufschwung menschlicher Kultur auch in unserem Raum. Handelsbeziehungen lassen neue Kulturen, wie z. B. die Mondseekultur mit ihren charakteristischen Seeufersiedlungen entstehen. Für die durch ihren Keramikstil und unterschiedliche Bestattungsformen charakterisierten Kulturen stehen bedeutende Funde aus Linz-Scharlinz (Schnurkeramik), Hörsching (Glockenbecherkultur) und der erst 1994 ergrabene Siedlungsplatz in Leonding mit einem vollständig erhaltenen Jungsteinzeitlichen Skelett (Lengyel-Kultur).

Große Veränderungen brachten die neuen Werkstoffe Kupfer, Bronze und Eisen mit sich. Vor allem der älteren Eisenzeit kommt ein besonderer Rang in der Geschichte Oberösterreichs zu. Hallstatt mit seiner einzigartigen urgeschichtlichen Salzgewinnung, den zahlreichen Materialfunden und dem Gräberfeld mit über 2000 Bestattungen gilt als Hauptort und Namensgeber dieser „europäischen“ Epoche.

Im vierten vorchristlichen Jahrhundert sind die Kelten dann die Träger der La-Tène-Kultur der jüngeren Eisenzeit und die neue Herrschaftsschicht im heutigen Oberösterreich. Ringburgen, Wallanlagen, noch heute in und um Linz im Gelände erkennbar, viele keltische Namenswurzeln späterer Siedlungen (z. B. Lentos – Lentia – Linz) und schließlich auch das Königreich Norikum mit seiner nördlichen Grenze an der Donau belegen diese Kulturepoche.

In Mitterkirchen im Machland, einer bedeutenden archäologischen Fundstätte, werden in einem sehr lebendig gestalteten Freilichtmuseum das Leben und die Kultur der Keltenzeit dargestellt.

Ein jungsteinzeitlicher Siedlungs- und Begräbnisplatz wurde 1994 in Leonding bei Linz ergraben. Das vollständig erhaltene Skelett einer jungen Frau samt Grabbeigaben (rechts).

Eines der bedeutendsten frühgeschichtlichen Fundstücke Oberösterreichs: der Uttendorfer Halsreifen. Der aus Gold bestehende Halsreifen mit geometrischen Ornamenten und Verschlussknopf diente vor etwa 2500 Jahren als Schmuckobjekt der hallstattzeitlichen Frau.

Mitterkirchen in Machland boasts a wonderful open air museum in which one of the most important finds of the Celtic era are to be found.

One of the most important early history finds in Upper Austria: the Uttendorfer neck band, made of gold and decorated with geometric patterns and closing catch. It was the necklace of a Hallstatt woman some 2500 years ago.

A neolithic settlement and graveyard was found in Linz in 1994. Here, a complete skeleton of a young woman was found along with a set of burial objects.

Zeugnisse frühen Kunsthandwerks

Ein Beispiel für die urgeschichtliche Mondsee-kultur mit ihren charakteristischen Seeufersiedlungen:
typisches Keramikgefäss mit eingestochenen Ornamenten (inkrustierte Keramik, links unten).
Aus Hallstatt, dem namensgebenden Fundort tausender Grabstätten der älteren Eisenzeit (ca. 900–400 v. Chr.), stammt diese reich dekorierte Halbmondfibel mit Klappblechen (links oben).
Schon eindeutig als keltisch anzusprechen ist auch im oberösterreichischen Raum die La-Tène-Kultur, der diese Schnabelkanne aus Sunzing angehört (links aussen).

Ein aussergewöhnliches Denkmal eines Kulturkontinuums von über 1700 Jahren stellt die St.-Laurenz-Kirche (Basilika seit 1970) dar.
Im Bild (rechts) zu sehen die bei Grabungen und Restaurierungen 1960 gefundenen Mauerzüge eines gallorömischen Tempels.
Die Reliquien der römischen Märtyrer von Enns befinden sich im Altar der Kirche.

Evidence of early artefacts

An example of the prehistoric culture of Mondsee with its characteristic riparian settlements:
Typical ceramic container with its decorations scratched into the wet clay (incrusted ceramic, below left)
A decorated semicircular brooch of the Hallstatt period (named after Hallstatt where thousands of graves were found of the time between 900 and 400 BCE).
A Celtic funnel necked beaker of the La Tène Culture found in Sunzing, Upper Austria.

The remarkable continuation of culture over 1700 years is illustrated in the church of St. Lawrence (basilica since 1970). The picture shows the the excavations and restoration of a gallo-roman temple discovered in 1960. The reliques of the martyrs of Enns are buried in the altar of the church.

Die Römer in Oberösterreich

Das Königreich Norikum geriet im Lauf des ersten Jahrhunderts v. Chr. unter römischen Einfluss und wurde schließlich unter Kaiser Augustus (ab 15 n. Chr.) besetzt und unter Kaiser Claudius (41–54) als römische Provinz eingerichtet.

In den folgenden vier Jahrhunderten entstand eine eigenständige galloromanische Kultur im Raum zwischen Alpen und Donau.

Römische Stadtgründungen wie Ovilava (Wels) und Lauriacum (Enns), zahlreiche gut ausgebaute Verkehrswege, Militärsiedlungen an der Donaugrenze wie Lentia (Linz), luxuriöse Landsitze, Handels- und Verkehrsstationen etc. geben Zeugnis von den zunehmend durch Kriege und Abwehrkämpfe gegen nördliche Germanenstämme geprägten Jahrhunderten der Römerherrschaft.

Wegen seines christlichen Glaubens wurde der römische Beamte Florianus 304 n. Chr. mit einem Mühlstein um den Hals in die Enns gestürzt.
Um ca. 1510 wird diese Darstellung des Martyriums des hl. Florian datiert, die der stilistischen Epoche der „Donauschule“ zuzurechnen ist.

Florianus, a Roman official was thrown into the Enns in 304 AD with a millstone round his neck for his Christian faith.
This interpretation of ca. 1510 shows St. Florian in the typical style of the “Danube School”.

Der römische christliche Heeresbeamte Florian, der zweite Patron des Landes, fand 304 in Lauriacum im Zuge der diokletianischen Christenverfolgung den Märtyrertod.

Eine Germanisierung der Bevölkerung ab dem 2. Jahrhundert und die Kämpfe gegen die Germanenstämme bis zum Ende des 5. Jahrhunderts trugen zur allgemeinen Schwäche des römischen Reiches bei. Es war der Heilige Severin (gestorben 482), der in diesen unruhigen Zeiten als Diplomat zwischen der Provinzbevölkerung und den Germanen vermittelte, die Verwaltung auf kirchlicher Basis neu organisierte und schließlich auch den Teilabzug der romanisch-christlichen Bevölkerung nach Oberitalien vorbereitete, den schließlich Odoaker als „Erbe" des untergegangenen Römischen Reiches im Jahre 488 veranlasste.

Eines der schönsten und wichtigsten Beispiele für die Kunst des frühen Mittelalters und der Bayernzeit in Oberösterreich ist der Tassilokelch aus dem Benediktinerstift Kremsmünster (ca. 770).

One of the most important and beautiful examples of early medieval art and the Bavarian period in Upper Austria is the Tassilo Chalice of the Benedictines of Kremsmünster.

Frühes Mittelalter und die Landeswerdung

Das Gebiet des heutigen Oberösterreich bildete im Laufe des 7. Jahrhunderts mit Bayern das Herzogtum der Agilolfinger, deren besondere Stellung auch an den bedeutenden Klostergründungen in Mondsee (748) und Kremsmünster (777) abzulesen ist. In der Folgezeit fiel das Land an die Karolinger – die Klöster, darunter auch das Stift St. Florian, entwickelten sich zu frühen Zentren der Kultur und Verwaltung. Bayerische Adelsfamilien wie die Grafen von Lambach und die Otakare hatten hier ihre Herrschaftsbezirke.

In Folge der Erhebung Österreichs (1156) und der Steiermark (1180) zum Herzogtum, gelang es dann den Babenbergern, wichtige Besitztümer in Oberösterreich an sich zu ziehen und hier ihre Oberhoheit zu begründen.

Mit den österreichischen Herzögen begann eine intensive innere und äußere Expansion babenbergischer Herrschaft. Rodungen, Klostergründungen (Gleink, Wilhering, Baumgartenberg, Waldhausen), Stadt- und Marktgründungen und zahlreiche neue Burganlagen bilden dafür die Basis. Die Zeit nach dem Aussterben der Babenberger und die vorübergehende Herrschaft des Böhmenkönigs Ottokar sind entscheidend für die Landeswerdung Oberösterreichs. Der eingesessene Landadel, vor allem das Geschlecht der Schaunberger, gewinnt an Bedeutung und die östliche Ennsgrenze beginnt sich zu verfestigen.

Das Wappenschild des Otto von Machland ist das heraldische Vorbild des seit dem 14. Jahrhundert nachweisbaren oberösterreichischen Landeswappens. Im Urbar des Klosters Baumgartenberg findet sich das Bild der Stifter Otto und Jeuta von Machland mit dem Wappen.

Beherrschend über dem Eferdinger Becken und der Donau liegt die Ruine Schaunburg. Das mächtige Geschlecht der Schaunberger herrschte im 14. Jahrhundert über ein geschlossenes Territorium, unterlag aber im Kampf um politische Unabhängigkeit den Habsburgern.

The coat of arms of Otto von Machland is the heraldic patron of the coat of arms of Upper Austria since 1400. It is illustrated in the urbar of the monastery of Baumgartenberg showing the founders Otto and Jeuta with the coat of arms (left).

The ruins of Schaunberg overlook the Eferding basin. The mighty Schaunbergs ruled over a dominion till they lost their political influence in battle with the Habsburgs (right).

Unter habsburgischer Herrschaft – Das Herzogtum Österreich Ob der Enns

Nach dem Sieg König Rudolfs über Ottokar von Böhmen wird Albrecht I. 1281 als erster Habsburger Herzog des Landes ob der Enns. Mit ihm beginnt die Herrschaft der Habsburger, die bis 1918 dauern sollte.
1390 verlieh Herzog Albrecht III. dem mittlerweile konsolidierten Land ein eigenes Wappen, welches auf die Stifter des Klosters Baumgartenberg, die Herren von Machland, zurückgeht und noch heute als Wappen des Bundeslandes Oberösterreich geführt wird.

Zum selbstständigen Fürstentum wurde das Land ob der Enns im 15. Jahrhundert, als Albrecht VI. das Land als Fürstentum übertragen bekam und in Linz auch von 1458 bis 1463 seine Residenz einrichtete. Kaiserliche Residenz war Linz mit seiner stark ausgebauten Burg dann von 1484 bis 1493 während der letzten Regierungsjahre Friedrich III., 1490 wird Linz vom Kaiser auch zur Landeshauptstadt mit entsprechenden Privilegien erklärt.
Die Habsburger, besonders Maximilian I., der in der Welser Burg 1519 verstarb, dehnten den Herrschaftsbereich insbesondere im Mühlviertel aus. 1506 konnten als Folge des bayerisch-pfälzischen Erbfolgekrieges auch das Mondseeland und Gebiete um St. Wolfgang erworben werden.

Durch die Kriege mit dem Ungarnkönig Matthias Corvinus aus Wien vertrieben, richtete Kaiser Friedrich III. von 1484 bis zu seinem Tod 1493 seine Residenz in Linz ein.
In dieser Darstellung aus dem Greiner Stadtbuch ist im Hintergrund auch die Burganlage von Linz stark schematisiert zu erkennen.

Friedrich III resided in Linz from 1484 onwards, having been driven from Vienna through war with the Hungarian King, Matthias Corvinus. He died here in 1493. This illustration taken from the Grein civic chronicle shows a schematic impression of the fortifications in Linz.

Kaiser Maximilian I., der „letzte Ritter“, war durch die Ausbaumassnahmen an der Linzer Burg, durch sein Mäzenatentum, die kaiserliche Jagd und seine Beziehungen zum Grafen von Pollheim eng mit Oberösterreich verbunden. Das Totenbild erinnert an seinen Tod 1519 in der Burg zu Wels.

Emperor Maximilian I, the “Last Knight”, was closely connected with the Castle in Linz by the extensions he had made and through the royal hunt and his association with Duke Pollheim. This portrait reminds us of his death in the Castle of Wels in 1519.

Das Friedrichstor beim Linzer Schloss. Dieser erhaltene spätmittelalterliche Teil der ehemaligen Burg- und Wehranlage geht auf die umfangreichen Ausbaumassnahmen Kaiser Friedrichs III. zurück (oben).

Der österreichische Erzherzogshut, wie er 1616 von Erzherzog Maximilian, dem späteren Kaiser Maximilian II., gestiftet wurde, war Herrschaftsinsignie der regierenden Habsburgerlandesherren bis 1835. Noch heute ist der Erzherzogshut Bestandteil des Landeswappens (rechts).

The Friedrich Portal of the Castle of Linz. This part of the late medieval fortifications date back to the extensions made by Emperor Friedrich III.

The Upper Austrian Archduke's crown as donated by Archduke Maximilian, later Emperor Maximilian II, was the insignia of the ruling Habsburg dukes till 1835. It is still part of the Upper Austrian coat of arms (see right).

Der Gelehrte und Astronom von Weltrang Johannes Kepler (links) wirkte in Linz von 1612 bis 1626 als Lehrer an der Landschaftsschule und schrieb hier auch sein wichtigstes Werk, „Harmonices mundi".

Im Zuge des Dreissigjährigen Krieges verpfändete Kaiser Ferdinand II. das beinahe zur Gänze protestantisch gewordene Oberösterreich dem katholischen Kurfürsten von Bayern. Das Regime des Statthalters Adam Graf Herberstorff, hier sein Epitaph aus der Kirche von Altmünster (oben), löste den grossen Bauernkrieg von 1626 aus.

The scientist and astronomer of world repute: Johannes Kepler (left) who worked in Linz from 1619 till 1626 and wrote his "Harmonices Mundi" here too.

In the course of the Thirty Years War Emperor Friedrich II pledged the then protestant Upper Austria to Catholic Bavaria. The regime of Governor Adam Duke of Herberstein (his epitaph in the church of Altmünster) was the cause of the Great Peasant Uprising of 1626.

Reformation und Gegenreformation

Oberösterreich und dabei vor allem sein Adel war im 16. Jahrhundert zu einem großen Teil protestantisch geprägt, es war dies die Blütezeit ständischer Selbstverwaltung (Bau des Linzer Landhauses 1565–1571, Lehrtätigkeit von Johannes Kepler an der Landschaftsschule in Linz) und eine Zeit ständiger Auseinandersetzungen mit den katholischen Landesfürsten.

Nach der Niederschlagung des Bauernaufstandes (1594–1597) entwickelte sich der Konflikt der Stände mit dem Landesfürsten voll und mündete im Zuge des Dreißigjährigen Krieges in der Verpfändung des Landes an Kurfürst Maximilian von Bayern (1620–1628).

Diese Bayernherrschaft und die radikale Gegenreformation unter dem Statthalter Adam Graf Herberstorff lösten den großen Bauernkrieg von 1626 mit seinem „Oberhauptmann" Stefan Fadinger aus.

Der Gegenspieler im Aufstand: Stefan Fadinger, Führer der aufständischen Bauern, der bei der Belagerung von Linz tödlich verwundet wurde.

The opponent in revolution: Stefan Fadinger, leader of the peasants' uprising was fatally wounded in the siege of Linz.

Neue Grenzen im Westen

Im 18. Jahrhundert war das heutige Oberösterreich vom Spanischen und später vom Österreichischen Erbfolgekrieg durch Schlachten im heutigen Innviertel, durch bayerisches Vordringen bis Eferding, aber auch in der Folge durch die österreichische Besetzung Bayerns 1704 bis 1714 betroffen.

Erst 1765 kam es zur endgültigen Grenzbereinigung mit dem Fürsterzbistum Passau, durch Tausch von Besitzungen nördlich und südlich der Donau wurde im Mühlviertel die heutige Grenze festgelegt.

Oberösterreich war in dieser Zeit auch Industrieland – die Epoche des Merkantilismus brachte Aufschwung für Textilindustrie und Eisenverarbeitung und belebte die Salzproduktion und den Handel.

Die letzte Ausdehnung nach Westen erfuhr das Land schließlich unter Kaiser Joseph II., der 1779 das Gebiet zwischen Donau, Inn und Salzach, das heutige

Gedenkblatt an die Jubelfeier des Teschener Friedens zu Ried am 13. Mai 1879.

Der Österreichische Erbfolgekrieg machte der Regentin Maria Theresia auch ihr Erbe in Oberösterreich streitig. In der Schlacht von Linz (1742) wurde mit dem Sieg über die Bayern der Verbleib Oberösterreichs bei Österreich gesichert. Im Bild Grossherzog Franz Stephan mit Feldmarschall Graf Khevenhüller (links).

Nach dem Tode von Kurfürst Maximilian von Bayern versuchte Kaiser Joseph II. seine Erbansprüche im Krieg gegen Bayern und Preussen durchzusetzen. Der Friede von Teschen 1779, hier ein Gedenkblatt zum 100. Jubiläum, brachte dann das Innviertel zu Oberösterreich (oben).

The Austian War of Succession meant the regent Maria Theresia's territories and inheritance in Upper Austria were questionable. In the battle of Linz (1742) a victory was celebrated over the Bavarians which meant Upper Austria stayed Austrian. Illustrated here are Grand Duke Franz Stephan with Field Marshall Count Khevenhüller.

After the death of the Elector Maximillian of Bavaria, Emperor Joseph II tried to attain his inheritance in war against Bavaria and Prussia. The Peace of Teschen (here a commemorative centenary etching) eventually brought the Innviertel into the fold of Upper Austria.

Innviertel erwarb. Diese neue und erweiterte Landeseinheit wurde 1783 durch die Gründung eines eigenen Landesbistums in Linz noch unterstrichen.

Die Zeit Napoleons I. bzw. des Kaisers Franz II. brachte noch einmal Veränderungen für Oberösterreich. Dreimal durchzog Napoleon mit seinen Truppen das Land, 1809 wurde bei Ebelsberg eine entscheidende Schlacht geschlagen. In der Folge mussten nach dem Frieden von Schönbrunn das Innviertel und Teile des Hausruckviertels abgetreten werden – Landesteile, die so noch einmal bis 1816 bayerisch wurden.

Nach dem Wiener Kongress von 1815 kam auch das ehemalige Fürsterzbistum Salzburg verwaltungsmäßig zu Oberösterreich, um ab 1848 schrittweise, endgültig dann 1861 selbstständig zu werden.

Ganz im Sinne seiner staatskirchlichen Reformen wurde durch kaiserliche Entschliessung 1783 von Joseph II. ein eigenes Bistum für Oberösterreich errichtet. Das neue Landesbistum mit Sitz in Linz wurde vom Fürsterzbistum Passau abgetrennt, als erster Bischof wurde Ernst Johann Graf von Herberstein eingesetzt (links).

Die napoleonische Zeit und ihre Kriege gingen an Oberösterreich nicht spurlos vorüber. 1809 kam es im Zuge des französischen Vormarsches auf Wien zu einer entscheidenden Schlacht um den Traunübergang bei Ebelsberg. In der Folge musste nach dem Frieden von Schönbrunn das Innviertel wieder bis 1815 an Bayern abgetreten werden.

According to Joseph II's idea of church reform, it was decided by Imperial Decree in 1783 that Upper Austria have its own bishopric. The bishopric was then divided off from that of Passau and the first Bishop was Ernst, Duke of Herberstein.

The Napoleonic Wars did not leave Upper Austria unscathed. In 1809, while the first wave of troops entered the country en route to Vienna, a battle took place on the Traun at Ebelsberg. As a result of the Peace of Schönbrunn, the Innviertel fell once more to Bavaria.

Erzherzog Maximilian d'Este, Grossmeister des Deutschen Ritterordens und Artilleriefachmann seiner Zeit, versuchte die richtigen Lehren aus den Durchbrüchen der Armeen Napoleons zu ziehen.
Der Enkelsohn Maria Theresias begann zunächst mit eigenen Mitteln, dann mit Genehmigung des Kaisers Franz I. von Österreich ein neues Befestigungssystem für die Monarchie zu entwickeln. In Linz wurde die erste Probeanlage auf dem Freinberg (heute Jesuitengymnasium) errichtet (oben).

Insgesamt wurden um Linz herum 32 Befestigungstürme für Artillerie und Sicherungstruppen sowie das Fort auf dem Pöstlingberg angelegt.
Diese historischen Wehranlagen gelten als Vorbild aller grossen Befestigungen des 19. Jahrhunderts, wie z. B. Paris oder Verdun!

In Leonding wurden seit 1998 zwei der letzten noch im Originalzustand erhaltenen Türme gesichert, im Turm 9 wurde ein stadtgeschichtliches Museum mit wehrhistorischer Abteilung eingerichtet (unten) und der Turm 13 auf der beherrschenden Höhe in Friesenegg wurde vor dem Verfall gerettet.

Archduke Maximilian D'Este, Grandmaster of the Teutonic Knights and artillery expert of his time tried to draw the correct consequences out of the experience of the Napoleonic Wars. The grandson of Maria Theresia used his own capital and later was funded by Emperor Franz I of Austria to establish a line of defense for the monarchy. The first trial tower was built on the Freinberg (above), now a Jesuit High School.

Some 32 defense towers were built for artillery and troops as well as the fort on the Pöstlingberg. These towers served as examples for all defense systems till the 19th century like the ones in Paris or Verdun.
In Leonding the last of the towers still in their original condition were secured and Tower Nine became the local civic museum with its own military section (below). Tower Thirteen in Friesenegg was also saved from ruin.

Die Zeit Kaiser Franz Josephs

Die lange Regierungszeit Kaiser Franz Josephs (1848–1916) schließlich war geprägt durch entscheidende in die Zukunft weisende Entwicklungen im Bereich der Verfassung und Verwaltung, aber auch in Wirtschaft und Verkehr, eine modern anmutende Gesellschaft begann sich herauszubilden.

Entscheidend dafür waren die im Zuge der Revolution von 1848 errungene Aufhebung der Grundherrschaft, die Organisation der Verwaltung des Landes in Bezirkshauptmannschaften und die Einrichtung der Ortsgemeinden im Jahre 1849.

Ab 1870 entwickelte sich die moderne Parteiendemokratie, die Ausbildung der großen politischen Bewegungen, die bis ins 20. Jahrhundert maßgeblich blieben, war bis 1888 abgeschlossen.

Schon 1832 wird in Oberösterreich die erste transkontinentale Eisenbahn, die Pferdebahn von Gmunden über Linz nach Budweis, errichtet, ab der Mitte des 19. Jahrhunderts vollzieht sich dann rasant auch der Anschluss an das mit Dampf betriebene Schienennetz. Oberösterreich war überwiegend agrarisch strukturiert, lediglich die Waffenproduktion mit dem Hauptstandort Steyr war bedeutend. Erst gegen Ende des 19. Jahrhunderts beginnen Industrialisierung und Wirtschaftsaufschwung ganz Oberösterreich zu erfassen.

Kaiser Franz Joseph I. von Österreich (1830–1916), hier in Tracht bei einem Empfang in Bad Ischl, prägte durch seine 68-jährige Regierungszeit die Menschen und Völker seines Reiches, ja er verkörperte dieses Reich der vielen Nationen in seiner dem politischen und nationalen Streit entzogenen Herrscherperson.

Emperor Franz Joseph I of Austria (1830–1916), here in traditional costume at a reception in Bad Ischl, left a deep impression on his peoples and country by his 68-year reign. Far above all political and national disputes, he came to be the epitome of the Empire of many nations.

Eine besondere Entwicklung nahm in diesen Jahrzehnten das Salzkammergut, wo die Sole zu Heil- und Kurzwecken entdeckt wurde. Vor allem die frühen Kuraufenthalte der kaiserlichen Familie in Ischl brachten einen enormen Aufschwung und Prestige, Bad Ischl entwickelte sich zur Sommerresidenz Kaiser Franz Josephs und zum Treffpunkt der führenden Gesellschaft.

Hier unterzeichnete der Kaiser am 28. Juli 1914 auch die Kriegserklärung an Serbien – der resultierende Erste Weltkrieg kostete ca. 22 500 Oberösterreicher ihr Leben.

Oberösterreich im 20. Jahrhundert

Mit dem Ende des Ersten Weltkrieges und dem Herrschaftsverzicht des letzten Kaisers, Karl, kam auch für Oberösterreich die Zeit der Republik, im November 1918 entschloss sich das Land als Letztes der österreichischen Bundesländer dem neuen Staat „Deutsch-Österreich" beizutreten.

Die Nachkriegszeit war geprägt von wichtigen politischen Veränderungen einerseits und großen wirtschaftlichen Problemen andererseits.

Das Bundesland selbst wurde von einer christlichsozialen, konservativen Mehrheit regiert, in den größeren Städten und Industriegebieten konnten die Sozialdemokraten die Mehrheit erringen. Die zunehmende Zersplitterung der Parteienlandschaft, die Radikalisierung der Gegensätze durch Bildung bewaffneter Parteiarmeen, die Erstarkung der Nationalsozialisten und die hoffnungslose wirtschaftliche Lage als Folge der Weltwirtschaftskrise führte Österreich in eine schier ausweglose Situation. Bundeskanzler Dr. Dollfuß nutzte schließlich eine Krise des österreichischen Parlaments im März 1933 und versuchte nunmehr ohne Parlament, gestützt auf Heimwehr und christlichsoziale Partei, in deutlicher Abwehr gegenüber den nationalsozialistischen Anschlussbestrebungen zu regieren.

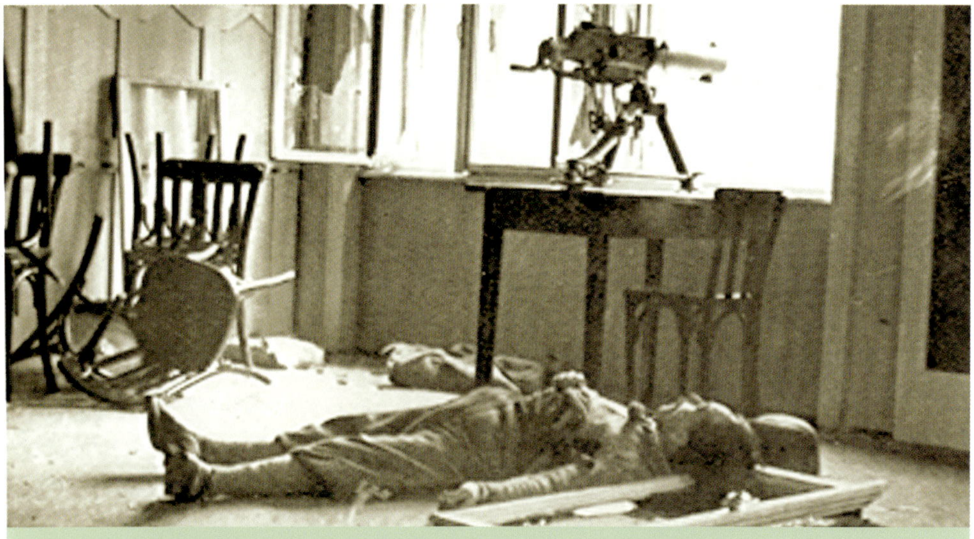

Bürgerkrieg in Oberösterreich. Am 12. Februar 1934 begann hier im ehemaligen Hotel „Schiff", der sozialdemokratischen Parteizentrale, der tragische Aufstand.

Civil war in Upper Austria: here in the former hotel "Schiff", the Social Democrats party headquarters is where the tragic uprising started.

Nach dem Verbot des sozialdemokratischen Republikanischen Schutzbundes brachen am 12. Februar 1934 in Linz, rasch dann auch in Steyr, im Kohlenrevier, in Stadl-Paura und Steyrermühl schwere Kämpfe aus, die bis zum 18. Februar in Oberösterreich ca. 60 Tote und hunderte Verletzte forderten.

Am 1. März 1934 schließlich wurde Dr. Heinrich Gleißner als Landeshauptmann Oberösterreichs im ständisch-autoritär eingerichteten Bundesstaat Österreich eingesetzt.

Schon wenige Monate später erlebte Oberösterreich die nächste gewaltsame Zerreißprobe, als im Zuge des gescheiterten nationalsozialistischen Putschversuches schwere Kämpfe mit illegalen und mit aus Bayern eindringenden Nazis ausbrachen. Nach der Ermordung des Bundeskanzlers Dr. Dollfuß in Wien am 25. Juli 1934 versuchte sein Nachfolger Dr. Kurt Schuschnigg den eingeschlagenen Kurs beizubehalten und die Unabhängigkeit Österreichs trotz stärker werdendem Druck Deutschlands zu bewahren.

Soldaten des österreichischen Bundesheeres beim Februaraufstand 1934.

Soldiers of the Austrian Defense Force during the 1934 Civil War.

Deutsche Truppen, hier in Schärding, überschreiten am 12. März 1938 die österreichische Grenze. Unter militärischem Druck wird die österreichische Regierung zum Rücktritt gezwungen und die Selbstständigkeit Österreichs gewaltsam beendet.

German troops in Schärding crossing the Austrian border on 12th March 1938. The Austrian government was forced to resign under pressure and Austria's independence ended by force.

Nationalsozialismus und Zweiter Weltkrieg

In dieser bedrängten Lage kündigte Dr. Schuschnigg für 13. März 1938 eine Volksabstimmung über die Selbstständigkeit Österreichs an. Dies war der Anlass für den nun von Adolf Hitler gewaltsam herbeigeführten „Anschluss" Österreichs ans Deutsche Reich. Nach Teilmobilisierung der Deutschen Wehrmacht musste die Regierung unter Druck am Abend des 11. März zurücktreten – eine nationalsozialistisch dominierte neue Regierung unter Dr. Seyß-Inquart begrüßte am 12. März in Linz Adolf Hitler, bereits am 13. März 1938 wurde das von deutschen Truppen besetzte Österreich in das Deutsch Reich eingegliedert.

Sofortige Verhaftungen bisheriger oberösterreichischer Spitzenfunktionäre, darunter Landeshauptmann Dr. Gleißner, aber auch oppositioneller Sozialdemokraten, Kommunisten, Priester und jüdischer Mitbürger leiteten das neue Regime unter dem aus Steyr stammenden Gauleiter August Eigruber ein. Nach der mit gewaltiger nationalsozialistischer Propaganda unterstützten und keineswegs freien und geheimen nachträglichen Volksabstimmung vom 10. April, die eine 99-%-Zustimmung zum „Anschluss" erbrachte, wurde Oberösterreich – jetzt Reichsgau Oberdonau genannt – gewaltig und bis zum Ende des Krieges permanent verändert.

Durch die Angliederung des Ausseer Landes im Süden, die kleine Erweiterung des Landes im Osten durch Eingemeindung ehemalig niederösterreichischer Gebiete in die Stadt Steyr und schließlich die Eingliederung der südböhmischen Landkreise Krummau und Kaplitz und des Gerichtsbezirkes Gratzen nach dem Münchener Abkommen vom 29. September 1939 wurde Oberösterreich – Oberdonau – um über 2000 km² vergrößert, die Bevölkerung stieg um beinahe 110 000 Einwohner.

Zu den übelsten Erscheinungen nationalsozialistischer Gewaltherrschaft zählen die in Oberösterreich eingerichteten Konzentrationslager, an erster Stelle das KZ Mauthausen mit seinen bis zu 49 Nebenlagern. Hier wurden bis Kriegsende insgesamt rund 200 000 Personen, meist politische, ausländische und religiös verfolgte Häftlinge gefangen gehalten, ca. 100 000 davon kamen durch die grausamen Lagerbedingungen, aber auch durch gezielten Mord ums Leben.

Eine besondere Stätte der Vernichtung war Schloss Hartheim bei Alkoven, wo von 1940 bis 1944 zunächst im Rahmen des nationalsozialistischen Euthanasieprogramms geschätzte 30 000 Behinderte und Geisteskranke, später dann auch KZ-Häftlinge ermordet wurden.

Auch die katholische Kirche war schwersten Verfolgungen und Repressalien ausgesetzt. Alle Klöster im Lande wurden innerhalb kurzer Zeit aufgelöst, über hundert Geistliche eingekerkert, 365 Priester wurden zur Wehrmacht eingezogen und sämtliche Schulen, Stiftungen, Vermögen und kirchliche Einrichtungen aufgelöst. Vom Anfang bis zum Ende des Nationalsozialismus war aber auch Widerstand verschiedenster ideologischer und politischer Gruppen zu spüren, besonders am Ende des Krieges konnten so noch weitere Zerstörungen vermieden werden, es wurden aber auch noch zahlreiche politische Gegner in letzter Minute ermordet.

Oberösterreich wurde durch die forcierte Industrialisierung zu einem Schwerpunkt der Rüstung mit einem kriegsbedingt großen Anteil ausländischer Fremd- und Zwangsarbeiter. Mit den neuen Stahlwerken in Linz, der Industrie in Steyr, dem Bergbau, der Papierindustrie, der Forstwirtschaft etc. erhöhte sich die wirtschaftliche Bedeutung des Landes bis Kriegsende kontinuierlich – diese Industrialisierung hat das Land bis in die Gegenwart nachhaltig geprägt.

Der Weltkrieg selbst, ca. 250 000 Oberösterreicher waren eingezogen, forderte rund 40 000 Tote und Vermisste. Den Bombardements der Aliierten fielen rund 3000 Menschen zum Opfer!

Oberösterreich wurde in den letzten Kriegstagen auch noch zum Kriegsschauplatz mit Kämpfen gegen US-amerikanische Truppen im Westen und der Abwehr gegenüber den Sowjets im Osten.

Nach dem Waffenstillstand im Westen und dem Vorrücken der russischen Truppen zum Pyhrnpass und ins östliche Mühlviertel war schließlich der Weltkrieg am 9. Mai in Oberösterreich zu Ende.

Über 3000 Oberösterreicher fielen dem Bombenkrieg zum Opfer, tausende Wohn- und Industrieanlagen wurden wie hier in Wels zerstört (oben).

Das Konzentrationslager Mauthausen – Symbol für Unterdrückung und Mord in der Zeit des Nationalsozialismus.
In diesem grössten KZ auf österreichischem Gebiet mit seinen 49 Nebenlagern waren an die 200 000, meist politische Gefangene der Verfolgung ausgesetzt. Noch in den letzten Kriegstagen wurden hier ehemalige Politiker Oberösterreichs ermordet.

Over 3000 Austrians died in the bombing, thousands of homes and industries were destroyed like the one here in Wels.

The concentration camp of Mauthausen – symbol of suppression and murder during National Socialism. This was the largest of its kind in Austria with its 49 supplementary camps where some 200 000 mostly political prisoners were detained. Even in the last days of the war some of Upper Austria's former politicians were murdered here.

Freiheit, Besatzung und Wiederaufbau

Die Jahre nach 1945 waren charakterisiert vom Bemühen um politische Stabilität, der Überwindung der Zweiteilung des Landes in eine amerikanische und eine russische Besatzungszone und der Beseitigung der großen materiellen Not.

Am 20. September 1945 konnte unter der Leitung von Dr. Heinrich Gleißner und mit Hilfe der zugelassenen Parteien (ÖVP, SPÖ, KPÖ) eine politische Landesregierung installiert werden, die seit der ersten Wahl am 25. November 1945 dann auch demokratisch legitimiert war. Da der nördliche Landesteil, das Mühlviertel, sowjetisch besetzt war, wurde zur Wahrung der Landeseinheit ein eigener „Staatsbeauftragter für das Mühlviertel" der Bundesregierung in der Person des Landesrates Johann Blöchl installiert.

In wenigen Jahren gelang es, nicht zuletzt auch durch internationale Wirtschaftshilfen, die schwer geschädigte Industrie wieder aufzubauen, die Versorgung der durch Flüchtlinge und Vertriebene enorm gestiegenen Bevölkerung zu sichern und vor allem Produktion, Arbeitsplätze, Wirtschaftsbetriebe und Wohnbau zu stärken und weit über das Vorkriegsniveau hinaus anzuheben.

Der Staatsvertrag Österreichs mit den vier alliierten Besatzungsmächten vom 15. Mai 1955 brachte schließlich auch für das geteilte Oberösterreich die Freiheit und das endgültige Ende der Nachkriegszeit.

Ein Sieg der Vernunft beim Zusammenbruch – die kampflose Übergabe der Landeshauptstadt Linz an die amerikanischen Truppen, die am 5. Mai 1945 die Stadt besetzten.

Victory of commonsense: the bloodless capitulation of Linz to the American troops on 5th May 1945.

Die Entwicklung Oberösterreichs bis zur Gegenwart

Die Entwicklung Oberösterreichs in der jüngsten Geschichte stellt eine echte Erfolgsgeschichte dar. Die Bevölkerung des Landes ist seit 1955 kontinuierlich auf nunmehr nahezu 1,4 Millionen gestiegen und durch vor allem starke Binnenwanderungen auf den Zentralraum Linz – Wels – Steyr konzentriert, wo beinahe 50% der Landesbevölkerung wohnen.

Seit den sechziger Jahren wurde aus dem ehemals eher landwirtschaftlich geprägten Land das bedeutendste Industrieland Österreichs mit hohen Exportanteilen.

Es waren die Landesregierungen unter den Landeshauptmännern Dr. Heinrich Gleißner (1945–1971), Dr. Erwin Wenzl (1971–1977) und Dr. Josef Ratzenböck (1977–1995), die das moderne Oberösterreich prägten, mit der Errichtung der Johannes-Kepler-Universität in Linz, einem dichten Netz an Höheren Schulen, neuen Verkehrswegen und einer modernen Infrastruktur und Verwaltung den erfolgreichen Wirtschaftsstandort Oberösterreich ermöglichten.

Besonders bedeutend ist für Oberösterreich die kulturelle Offensive, von Landeshauptmann Dr. Ratzenböck begonnen und seit 1995 unter Dr. Josef Pühringer fortgesetzt, mit der zum einen die historischen Zentren und Ortsbilder, die Schlösser und Stifte erhalten, restauriert und revitalisiert werden, zum anderen aber große Initiativen für die zeitgenössische Kunst- und Kulturszene, Festivals, neue Einrichtungen der Kultur im ganzen Land, neue Museen, wissenschaftliche Institute und ein neues projektiertes Musiktheater für Oberösterreich möglich werden. Oberösterreich wandelt sich vom Land der Schwerindustrie zum erfolgreichen High-Tech-Standort, wird vom Industrieland zum Kulturland.

Mit der Öffnung des eisernen Vorhanges im Jahre 1989 und dem Beitritt Österreichs zur europäischen Union 1995 beginnt eigentlich schon der politische, wirtschaftliche und mentalitätsgeschichtliche Eintritt in das neue Jahrtausend.

Ein bisher nicht gekanntes hohes Maß an Mobilität, offene Grenzen, der Wegfall alter politischer und wirtschaftlicher Barrieren hat neue Entwicklungen gebracht und das Land nach der EU Erweiterung 2004 ins Zentrum eines größeren Europas gerückt. Im 21. Jahrhundert erscheint Oberösterreich wirtschaftlich stark, in sich gefestigt, kulturell selbstbewusst und zukunftsorientiert.

Seit 2003 sind vier Parteien im oberösterreichischen Landtag vertreten, die Österreichische Volkspartei als stärkste Fraktion, die Sozialdemokraten, gefolgt von den Grünen und der Freiheitlichen Partei. Die Landesregierung besteht entsprechend den Mandaten im Landtag aus vier Vertretern der ÖVP, vier der SPÖ und einem der Grünen.

Oberösterreichs politische Führung hat die Herausforderung des Wandels angenommen, neue Wirtschaftsbetriebe und Straßen werden errichtet, Großprojekte wie eine neue Linzer Donaubrücke, ein neues Musiktheater und neue wissenschaftliche Einrichtungen stehen vor der Realisierung.

Gerade aus der Entwicklung und den Erfolgen der letzten Jahrzehnte bezieht der Oberösterreicher etwas von seinem Selbstbewusstsein; aus der Lage Oberösterreichs aber, im heute offenen, durchlässigen und miteinander auch konkurrierenden Dreieck der Regionen Bayern, Südböhmen und Oberösterreich entwickelt das Land seine Chancen für die Zukunft, mit neuen Schwerpunkten in Forschung und Wissenschaft, mit einer starken, modernen und international vernetzten Wirtschaft. Aus der Geschichte, dem Bewusstsein seiner Fähigkeiten und den Leistungen seiner Bürger schöpft das Land seine Kraft.

UPPER AUSTRIA'S HISTORY

In order to understand a region thoroughly, it is necessary to take a look at its history. History is not merely the past – history plays its part everywhere, explains developments, leads to the present and partly lights up the future.

Early History

The first traces of human settlement go back to the early Stone Age. The earliest stone tools dating from 65 000 to 30 000 BCE were found in the Ramesch Caves in the "Toten Gebirge" Mountains.

A tremendous amount of evidence of the agricultural era of the Early Stone Age show how human culture flourished in our province. Trade enabled new cultures to arise like the one in Mondsee with its characteristic settlement at the side of the lake. Numerous finds in Linz-Scharlinz (Corded ware groups), Hörsching (Bell Beaker groups) and the settlement found in Leonding in 1994 with a complete Early Stone Age skeleton (Lengyel Culture) point towards several different cultures in those days.

Great changes took place when new metallic substances began to be used such as copper, bronze and, of course, iron.
The later Iron Age is particularly well represented in Upper Austria. Hallstatt, with the unique method of mining salt, numerous finds and the graveyard with some 2000 graves all went together to give its name to this European era.

In the fourth century BCE first the La Tene culture and then the Celts formed the ruling class. Circular forts and earthern battlements for defence can still be seen in areas of Linz today and many names have Celtic roots eg. Lentos – Lentia – Linz. Later the kingdom of Noricum with its Northern border on the Danube are all evidence of this cultural era.

The Romans in Upper Austria

The Kingdom of Noricum came under the influence of the Romans. It was occupied under Emperor Augustus (15 CE) and it became a Roman province under Emperor Claudius (41–54 CE). In the following four centuries a unique Gallo-Roman culture developed between the Danube and the Alps.
Roman towns were established like Ovilava (Wels) and Lauricum (Enns) good roads and road networks were built, military camps were set up on the Danube border like Lentia (Linz) and luxurious villas arose. Trade and exchange points all go to show how many wars of defense took place against the hostile Germanic tribes during the Roman period.

The Christian Roman military official, Florian, the second patron saint of the province was martyred in 304 in the course of Diocletians' persecution of the Christians. The society became increasingly germanified from the 2nd century onwards and the battles against the German tribes till the end of the 5th century played its part in weakening the Roman Empire. It was St. Severin (†482) who worked as a diplomat between the provincial population and the Germans and who reorganised administration on an ecclesiastical basis and finally arranged a migration of part of the Christian-Roman population to Northern Italy which Odoacer then "inherited" from the failing Roman Empire in 488.

Early Middle Ages – the Beginnings of a Province

The area which is now Upper Austria was, in course of the 7th century, under Bavarian influence: the Dukes of the house of Agilolfinger founded the monasteries of Mondsee (748) and Kremsmünster (777). Later the Carolingians took over the area and monasteries like St. Florian became flourishing centres of culture and administration. Bavarian nobility like the Counts of Lambach and the Ottakars had their territories here.

When Austria (1156) and Styria (1180) became duchies, the Babenbergs were then able to control important areas in Upper Austria and thus insure their supremacy.

With the Austrian dukes began an intense period of expansion internally and externally. Forests were cleared for agriculture, monasteries founded (Gleink, Wilhering, Baumgartenberg, Waldhausen), towns and markets established and numerous fortifications and castles were built.

The period following the decline of the Babenbergs and the temporary regency of the Bohemian king Ottokar was decisive for the province. The local nobility, especially the Schaunbergers, became increasingly important and the Eastern border of the Enns River was confirmed.

Upper Austria under the Habsburgs

After Rudolf's victory over King Ottokar of Bohemia, Albrecht I becomes the first Habsburg Duke of the Duchy "Above the Enns" in 1281. The Habsburgs were then to rule the area till 1918. In 1390, Albrecht III concedes a coat-of-arms to the now consolidated and estblished province which can be traced back to the founders of the monastery of Baumgartenberg: the Lords of the Machland. It is still Upper Austria's coat of arms today.

The province becomes an independent princedom in the 15th century when Albrecht VI moved his residence here from 1458 to 1463. Linz was the imperial residence between 1484 and 1493

Das Linzer Landhaus – Sitz der oberösterreichischen Landesregierung.
Erbaut von den Landständen im 16. Jahrhundert, zählt das Landhaus zu den bedeutendsten Renaissancebauten des Landes, von besonderer Qualität sind vor allem das herrliche Nordportal und der beeindruckende Arkadenhof.

The Landhaus of Linz: the seat of the Provincial Government. It was built in the 16th century and is one of the most outstanding Renaissance buildings of the province, especially remarkable are its northern portal and the arcaded courtyard.

when Emperor Friedrich III resided here and extended the Linz Castle. In 1490, Linz became the capital city with all the attached rights and privileges.

The Habsburgs, and in particular Emperor Maximilian I, who passed away in the castle at Wels in 1519, extended their power and influence into the Mühlviertel. In 1509, the Mondsee area and the territories surrounding St. Wolfgang could be incorporated as a result of the Bavarian-Palatinate War of Succession.

Reformation and Counter Reformation

In the 16th century, the nobility and the common folk of the province were largely Protestant. This was the period in which the estates' authority flourished (the Linz Landhaus was built between 1565 and 1571, Johannes Kepler gave lectures at the Estates school in Linz) and constant disputes with the Catholic nobility took place.

After the Peasants' Uprising (1594–1597) was crushed, the conflict between the Estates and the Prince increased and came to a head in 1620 when the province was forfeited to the Elector of Bavaria, Maximilian till 1628 in the course of the Thirty Years War. The Bavarian dominance and the radical Counter Reformation under Adam, Count Herberstorff were the instigation for the Great Peasants Uprising in 1626 with Stefan Fadinger as their leader.

New Borders to the West

In the 18th century, the Upper Austria of today was affected by the Spanish and Austrian Wars of Succession with battles in the Innviertel, Bavarian advance to Eferding and Austrian occupation of Bavaria from 1704 to 1714. It was only in 1765 that a final Western border was decided upon with the Princely Archbishop of Passau, by swopping territories North and South of the Danube, thus defining the Mühlviertel as it is today.

Upper Austria was an industrial area, even at this date – the era of mercantilism brought about an upturn in the textile industry and iron manufacture, salt production increased and trade flourished.

The last extension to the West took place under Emperor Joseph II, in 1779, who incorporated the areas between the Danube, Inn and Salzach Rivers, i.e. the Innviertel of today. This extension and feeling of unity was underlined by the establishment of Linz as its own bishopric.

The reign of Napoleon I and Emperor Franz II brought about changes for Upper Austria once more. Napoleon crossed the province three times with his troops and in 1809, a decisive battle was fought at Ebelsberg. After the Peace of Schönbrunn, the Innviertel and parts of the Hausruckviertel had to be ceded – areas that were to remain Bavarian till 1816.

After the Congress of Vienna in 1815, the Princely Bishopric of Salzburg came under the jurisdiction of Upper Austria, in 1848 and finally, in 1861, it became independent altogether.

The Era of Francis Joseph

The long reign of Emperor Francis Joseph (1848–1918) was dominated by decisive changes which were to make their impact in the modern period as we know it today. These took place in the constitution and administration, in commerce and transport. Decisive here were the Revolts of 1848 and the abolition of nobility land ownership, the administration of the province was also changed and put into the hands of the district commissioners and the foundation of municipalities in 1849.

Form 1870 onwards, modern party politics arose and the development of the great political movements as we know them today, took place and lasted till 1888.

It was already in the year 1832 that the first transcontinental railway was built. This was a horse-drawn coach system from Gmunden via Linz to Budweis. From the middle of the 19th century, steam trains quickly took over this duty on a wide network of railways. Upper Austria was largely an agricultural country with the only industry being weapons production in Steyr. It was only at the end of the 19th century that the province was industrialised and an upturn in the economy took place.

The Salzkammergut went about its very own distinct development in this period where the use of salt and saline water commenced its status as health treatments and where "taking the waters" became increasingly fashionable. The imperial family set the trend by staying and building a summer residence in Bad Ischl thus enabling the town to embellish itself with the imperial court status.

It was here too, in Bad Ischl, that Emperor Francis Joseph signed the declaration of war on Serbia on 28th July 1914. The ensuing First World War cost the Upper Austrians some 22 500 lives.

Upper Austria in the 20th Century

After the First World War and the end of the reign of the last emperor, Karl, came the time of the Republic for Upper Austria as well. In November 1918, Upper Austria joined the new state "Deutsch-Österreich" as one of the last of the provinces. The post-war era was determined by important political changes and great economic problems.
The province was administered by a christian-social, conservative majority, the greater towns and industrial areas however had a social-democratic majority. Division of the political landscape and the radicalisation of opponents, the formation of political armies, the increased strength of the National Socialists and the hopeless economic situation after the First World War all went together to drive Austria into a cul de sac. The federal chancellor, Dr. Dollfuß used the crisis of the Austrian parliament in March 1933 and tried to retaliate the influence of the National Socialists and rule the country with the help of his "Heimwehr" and without parliamentary concession. After the prohibition of the Social-Democratic Republican "Schutzbund", fighting broke out in rapid succession on 12th February 1934, in Linz, Steyr, Stadl-Paura and Steyrermühl.

Das Landhaus in Linz: Sitz von Landeshauptmann, Landtag und Verwaltung.

The Landhaus in Linz: the seat of the governor, provincial parliament and the provincial administration.

The fighting lasted till the 18th February in Upper Austria and left 60 dead and hundreds injured.

On 1st March 1934, Dr. Heinrich Gleißner became Governor of Upper Austria, in the federal corporate state of Austria. A few months later, the province was to be tested once more when, after the failed coup of the National Socialists, heavy fighting broke out with illegal and Bavarian Nazis. After the assassination of the chancellor, Dr. Dollfuß, Dr. Kurt Schuschnigg, his successor tried to ward off the increasing pressure from Germany.

National Socialism and the Second World War

It was in these troubled times that Dr. Schuschnigg announced a plebescite on the independence of Austria. This triggered off Adolf Hitler's partly violent "Anschluss" or inclusion of Austria into the Third Reich. After a semi-mobilisation of the German army, the Austrian government was forced to resign on 11th March 1938 and a new National-Socialist government under Dr. Seyß-Inquart greeted Hitler in Linz on the 12th. On 13th March, Austria was occupied by German troops and Austria became part of the Third Reich.

Top Upper austrian politicians were immediately arrested, among them, Dr. Heinrich Gleißner and members of the social-democratic opposition, communists, priests and jewish citizens. This was the work of the new Gauleiter who hailed from Steyr, August Eigruber. An unfree and heavily pressurised National-Social plebescite was held on 10th April, the result of which being a 99 percent affirmation of the "Anschluss". Upper Austria was now called "Oberdonau" i.e. Upper Danube and was changed radically till the end of the war. By including the Ausseerland in the South and a small extension to the East near the town of Steyr and finally the inclusion of the South Bohemian districts of Krummau and Kaplitz and the judicial district of Gratzen according to the Munich Agreement of 29th September 1939, Upper Austria increased its territory by some 2000 square kilometres and the population grew by 110 000 inhabitants.

The worst effect of the National-Social regime was, of course, the concentration camps like Mauthausen with its 49 subsidiary camps. Here some 200 000 persons, usually political, foreign or religiously descriminated convicts were held captive, of which some 100 000 died from the terrible conditions in the camp or by planned extermination.

One exceptional extermination site was the Palace of Hartheim near Alkoven where from 1940 till 1944, some 30 000 were put to death as part of the National-Socialist euthanasia programme. It was the handicapped and the mentally ill and later concentration camp convicts who found their end here.

The Catholic Church also took the full brunt of repression. All the monasteries in the province were rapidly closed and more than 100 priests put into prison. 365 priests were drafted into the army and all convent schools, foundations and wealth and church institutions dissolved. Resistance from various ideological and political groups was felt right through the era of National-Socialism especially towards the end: even more political opponents were murdered in the "last minute" as it were.

Upper Austria became the centre of arms production through massive industrialisation employing large numbers of forced labour and foreign convicts. The new steel industry in Linz, the industries in Steyr, the paper industry and wood industry increased the importance of the province till the end of the war and has since then stayed that way.

The balance of the Second World War for Upper Austria: 250 000 were drafted, 40 000 fell in the war or were counted as MIAs, 3000 of the civilian population also lost their lives.

The province was also the last scene of battle when the American troops arrived from the West and encountered Soviets from the East. After the ceasefire in the West and the advance of the Russian troops on the Pyhrn Pass and in the Eastern Mühlviertel, the war was over on 9th May in Upper Austria.

Freedom, Occupation and Reconstruction

1945 was the year characterised by attempts in political stability, overcoming the division of the province into American and Russian zones and aleviating the most essential deprivation.
On 20th September 1945, Dr. Heinrich Gleißner was reinstalled as Governor with the assistance of the permissible parties (Austrian People's Party, Social Democrats and the Communist Party).
This government was reaffirmed in the first elections since the war on 25th November 1945. The Northern part of the province was a Russian zone: the Mühlviertel. In order to insure unity in the province, a special "envoy" for the Mühlviertel was installed in the person of Provincial Councillor, Johann Blöchl.

Within the next few years a reconstruction of the economy and industry took place with the assistance of international community, the population had increased through the enormous amount of refugees and displaced persons. The aim was to increase the quality of production, jobs, factories and homes to a level that was higher than before the war.

The Austrian State's Treaty, signed by the dignitaries of the occupying forces on 15th May 1955 insured the divided Austria freedom and the end of the post-war period.

The Development of Austria up to the Present

The province's younger history is a success story. The population has increased to 1,3 million since 1955 and is concentrated on the central areas around Linz, Wels and Steyr where 50 percent of the population now lives.

Since the 1960's, the province has changed from an agricultural to an industrial one with a high export rate.

It was the Provincial Governments under the Governors Dr. Heinrich Gleißner (1941–1971), Dr. Erwin Wenzl(1971–1977) and Dr. Josef Ratzenböck (1977–1995) who made the province "modern": the foundation of the Johannes Kepler University in Linz, a tight network of colleges, new routes of transport and a modern infrastructure and administration have all gone together to make the province what it is today.

The "Cultural Offensive" is what is most important in Upper Austria which began under the Governor Dr. Josef Ratzenböck and is since continued by Dr. Josef Pühringer. Historic city centres have been renovated along with palaces and monasteries as well as other contemporary and avant-garde artistic projects like festivals, new museums and scientific institutes. One of the latest projects is a new opera house. The province has moved from being famous for its heavy industry to one that is famous for high technology. It has remodelled itself from industrial stalemate to cultural paradise.

The "fall" of the Iron Curtain in 1989 and Austria's admission to the European Union in 1995, both hailed the beginning of a new millenium for the province in a political, economic and mentally historical sense. New advances in mobility, open borders and the absence of political and economic barriers brought the province new developments and Upper Austria to the centre of Europe.

The 21st century sees the province as economically strong, confident, culturally self-assured and orientated to the future.
Since 2003, four parties are represented in the local parliament: the Austrian People's Party is the strongest, followed by the Social Democrats, the Greens and the Liberal Party.
Accordingly the Provincial government has four mandates for the ÖVP, four for the SPÖ and one for the Greens. The political leaders have taken on the challenge of change, new industries and new roads are to be constructed like the new Danube Bridge and the new Opera and scientific faculties are to be opened.

The Upper Austrians take their confidence from the development and the success of the last centuries. Its position in the triangle between Bavaria and South Bohemia makes it a place for the future with a new emphasis on Science and research. It is from its history, its self-confidence in its abilities and the efforts of its citizens that Upper Austria gains its strength!

Der Raureif im Spätherbst taucht Oberösterreichs Landschaften gerne in eine etwas melancholische Stimmung.

The hoarfrost in late autumn makes Upper Austria's landscape awash in a melancholic mood.

Vom Nordwaldkamm zum ewigen Eis

Oberösterreichs Naturlandschaften im Überblick

Vier Viertel hat's Landl

„Land der Berge, Land am Strome, Land der Acker, Land der Dome ..." – so wird die landschaftliche Vielfalt Österreichs in der ersten Strophe der Bundeshymne beschrieben. Das Bundesland Oberösterreich, eine der faszinierendsten und wirtschaftlich bedeutendsten Regionen der Alpenrepublik, spiegelt diese landschaftliche Schönheit Österreichs quasi im Kleinen wider.

Mit einer Fläche von 11 979,72 km² und etwa 1,37 Mio. Einwohnern ist Oberösterreich nach der Fläche das viert- und nach den Einwohnern das drittgrößte aller österreichischen Bundesländer. Aufgrund seiner Lage in der Mitte zwischen den östlichen und den westlichen Bundesländern wird Oberösterreich auch gerne als „Herzstück der Alpenrepublik" bezeichnet.

Mit einer maximalen Nord-Süd-Ausdehnung von 150 km Luftlinie und einer ebenso großen West-Ost-Erstreckung hat Oberösterreich Anteil an allen im Alpenraum vorherrschenden Landschaftsformen wie Hochgebirge, Mittelgebirge, Seen-, Moor- und Flusslandschaften sowie Alpenvorland, Beckenlagen und Flachland.

Die landschaftliche Gliederung Oberösterreichs wird auch heute noch gerne nach dem historischen Prinzip der Einteilung in einzelne Landesviertel vorgenommen: „Vier Viertel hat's Landl", heißt es dazu im Volksmund.

Gemeint sind damit das Innviertel, das Hausruckviertel, das Traunviertel und das Mühlviertel – geografisch, demografisch und dialektalisch voneinander abgrenzbare Kultur- und Naturräume, innerhalb deren ein ähnlicher Landschaftstyp vorherrscht.

Das Problem der klassischen Einteilung des Landes in vier Viertel liegt allerdings darin, dass es zwar künstlich geschaffene politische oder verwaltungstechnische Grenzen, aber kaum natürliche Grenzlinien gibt, die diese Gliederung des Bundeslandes unmissverständlich vorgeben. Denn die unterschiedlichen Landschaftsformen Oberösterreichs gehen meist fließend ineinander über. Auch die Lebensweise der Bewohner eines Viertels unterscheidet sich nicht grundsätzlich von der Lebensweise der Bewohner eines anderen Viertels von Oberösterreich, während sich einzelne volkskulturelle Phänomene wie z. B. Hausformen und Trachten mitunter doch sehr stark unterscheiden.

Oberösterreich ist also ein Land der Vielfalt und der Abwechslung, wie gesagt ein Österreich im Kleinen. Es ist aber trotz allem ein Land, in dem sich die Gegensätze in Landschaft, Kultur und Sprache doch wieder zu einer Einheit verbinden.

Eisregen und Schnee überziehen Bäume und Wiesen wie mit einem Zuckerguss.

Frozen rain and snow cover trees and meadows like icing.

Der Winter im nördlichen Mühlviertel, in den tief verschneiten Hügeln des Böhmerwaldes, bietet ideale Voraussetzungen für Wintersportarten aller Art. Besonders eindrucksvoll ist die Landschaft vom Pferdeschlitten aus, mit dem man sich auch abseits geräumter Wege durch das weitläufige, naturbelassene Hügelland bewegen kann.

The northern Mühlviertel and the snowy hills of the Bohemian Forest are ideal places for all the winter sports. The landscape is particularly attractive from a horse-drawn sleigh with which one may see the countryside off the "beaten track".

Flüsse und Seen

Wie die Adern das Blatt eines Baumes durchziehen, so haben sich seit Jahrtausenden zahlreiche Flüsse ihren Weg durch die oberösterreichische Landschaft gebahnt. Eiszeiten und Wärmeperioden veränderten dabei durch das Vorrücken und Schmelzen urzeitlicher Gletscher den Charakter vieler Flussläufe. Vor allem die Traun, die Steyr und die Enns haben sich auf diese Weise an manchen Stellen mehr als hundert Meter tief in die einstigen Ebenen eingegraben und dadurch Flusstäler von unbeschreiblicher Schönheit gebildet.

Wenn auch die Flussläufe von Inn, Traun, Alm, Steyr oder Enns, von Aist, Rodl oder Mühl landschaftlich einzigartig sind, so ist ihnen allen gemeinsam, dass sie seit jeher den Menschen als Verkehrswege oder Energiequelle dienten. Man bezeichnet sie daher als die „Lebensadern des Landes“.

Gemeinsam ist den meisten oberösterreichischen Flüssen, dass sie in Nord-Süd- bzw. Süd-Nord-Richtung verlaufen. Nur der längste und international bedeutsamste Fluss unseres Landes, die Donau, durchquert Oberösterreich von Nordwesten nach Südosten, nimmt dafür aber bis auf die Maltsch alle anderen Flüsse auf.

Mit der Schlögener Schlinge und dem Strudengau bei Grein liegen auch einige der reizvollsten Flusslandschaften, die dieser europäische Strom auf seiner 2850 km langen Reise ins Schwarze Meer passiert, in unserem Bundesland.

Viele von Oberösterreichs Flusslandschaften wurden in den vergangenen Jahrhunderten von Menschenhand nachhaltig geprägt: Sie dienten als Verkehrswege

Der Markt Engelhartszell mit seinem Trappistenkloster ist eine der ersten Ortschaften, der der stromabwärts Reisende auf seinem Weg von der bayerisch-oberösterreichischen Grenzstadt Passau her begegnet.

The market town of Engelhartszell with its Trappist monastery is one of the first towns downstream from Passau.

oder zur Energiegewinnung. Insbesondere nach dem Zweiten Weltkrieg errichtete man zahlreiche Kraftwerke, wodurch vor allem entlang der Enns und der Donau künstlich angelegte Stauseen entstanden, die den Charakter einzelner Flussabschnitte grundlegend veränderten.

Durch umfassende Renaturierungsmaßnahmen konnten aber viele Eingriffe des Menschen in das heimische Landschaftsbild und das Ökosystem wettgemacht werden, was letztlich sogar dazu führte, dass entlang der Flüsse nicht nur neue Lebensräume für Flora und Fauna, sondern auch Freizeit- und Erholungsgebiete für die Menschen entstanden.

Neben den Bächen, Flüssen und Stauseen verfügt Oberösterreich auch über eine Vielzahl an natürlich entstandenen Seen. Viele davon sind Becken, die von mächtigen Gletschern während der letzten Eiszeit ausgeschürft wurden und sich dann mit dem Wasser talwärts ziehender urzeitlicher Flüsse füllten. Auf diese Art und Weise entstanden die Seenplatten im oberen Innviertel und im Salzkammergut – eine der großartigsten Seenlandschaften nördlich der Alpen.

Mit dem Zeller See, Anteilen am Mondsee und am Wolfgangsee sowie dem Traunsee verfügt Oberösterreich außerdem über Trinkwasserreserven bester Qualität und mit dem Attersee auch über das größte zur Gänze in Österreich gelegene ruhende Gewässer. Der Hallstätter See wiederum, dessen Hauptort Hallstatt schon in prähistorischer Zeit besiedelt worden war, wurde von der UNESCO sogar in das Weltkulturerbe aufgenommen.

Wie eine lebenswichtige Ader durchzieht die Donau Oberösterreich von Westen nach Osten, tieft sich stellenweise stark ins Umland ein und bildet somit, wie zum Beispiel bei der Schlögener Schlinge, ein abwechslungsreiches Flusstal von unbeschreiblicher Schönheit.

The Danube passes through Upper Austria like an artery from west to east and burrows its way deeply into the surrounding banks like here in the Schlögener Schlinge, a valley of impressive beauty.

Nach Regensburg und Passau ist Oberösterreichs Landeshauptstadt Linz mit rund 180 000 Einwohnern die dritte grössere Stadt an der Donau.
Abbildung oben: Blick auf den Linzer Stadtteil Urfahr mit dem wieder fahrbereiten historischen Dampfschiff „Schönbrunn“ im Vordergrund.
Abbildung links: Blick von der „Sky-Bar“ des Ars Electronica Centers in Urfahr Richtung Hauptplatz auf der rechten Donauseite.

Linz, with a population of ca. 180 000, is the third largest city on the Danube after Regensburg and Passau.
Illustration above: view of Urfahr, a district of Linz with the “Schönbrunn”, a historic paddle steamer in the foreground.
Illustration left: view from the “Sky Bar” in the Ars Electronic Centre in Urfahr looking towards the Main Square on the right hand side of the Danube.

Im äussersten Osten von Oberösterreich tieft sich die Donau erneut stark ein: Einst von den Schiffleuten wegen der unberechenbaren Wasserströmungen gefürchtet, stellt der Strudengau – nicht zuletzt aufgrund der Flussregulierung im Zuge der Kraftwerksbauten – für die moderne Schifffahrt kein Problem mehr dar.
Abbildung rechts: Die „MS Blue Danube“ passiert auf ihrer Fahrt stromaufwärts die Ortschaft Sankt Nikola im Strudengau.

In the eastern part of Upper Austria, the Danube digs itself in once more: the Strudengau was once feared by boatsmen as the currents here were treacherous. Nowadays it poses no problem at all as the river was regulated and controlled by the hydro-electric schemes.
Illustration right: the "MS Blue Danube" passing Sankt Nikola in the Strudengau as it goes upstream.

Neben der Donau stellt auch die von Süd- nach Nordosten das Bundesland durchquerende Enns seit vielen Jahrhunderten einen wichtigen Transportweg dar, auf dem mittels Holzflössen das Erz und das Roheisen von Innerberg nach Steyr und weiter zur Donau transportiert wurden.

Heute fungiert die Enns, ebenso wie die Donau, als wichtiger Energielieferant, indem in zahlreichen Kraftwerken aus Wasserkraft Strom gewonnen wird.

Abbildung oben: Die Enns im Gemeindegebiet von Garsten mit dem Kraftwerk Lahrndorf

Abbildung links: Geradezu wildromantisch – Die Enns unweit des Kraftwerkes Losenstein

The Enns River crossing the province from the south to the north-east was once an important means of transport for iron and ore, taking it on wooden rafts from Innerberg to Steyr and then onto the Danube.

Today the Enns, like the Danube, is an important source of hydro-electricity.

Illustration above: the Enns in the municipality of Garsten with the hydro-electric power station Lahrndorf.

Illustration left: wildly romantic – The Enns near the power station of Losenstein.

Eines der bedeutendsten und anmutigsten Industriedenkmäler Oberösterreichs: Das 1908 vom Otto-Wagner-Schüler Mauriz Balzarek errichtete Jugendstilkraftwerk Steyrdurchbruch am stark eingetieften Mittellauf der Steyr unweit von Molln.

One of the most elegant industrial constructions of the province: the art nouveau power station of Steyrdurchbruch, designed by Mauriz Balzarek, a scholar of Otto Wagner, in the ravine of the Steyr river near Molln.

Der Inn, als westlichster der fünf grossen Flüsse im Lande, hat bereits eine weite Reise aus dem Schweizer Engadin hinter sich, ehe er kurz vor Braunau nach Oberösterreich kommt, die Barockstadt Schärding (Abb. oben) durchfliesst und schliesslich bei Passau in die Donau mündet.

Die geballte Energie der heimischen Flüsse wird beim Speicherkraftwerk Klaus am Steyr-Fluss sichtbar – und zwar immer dann, wenn im Stausee der Wasserspiegel einen kritischen Pegelstand übersteigt und Wasser abgelassen wird.

Oberösterreichs Gewässer sind auch ein Inbegriff von Sauberkeit – Schiederweiher (oben) und Alm (unten) haben Trinkwasserqualität, der Artenreichtum an Fischen und Wassertieren ist riesig.

The Inn, one of the five largest rivers of the province, has covered a long journey from Engadin in Switzerland before it passes through the baroque town of Schärding (illustrated above) before it enters Upper Austria at Braunau.

The intense energy of the local rivers is visible in the dam at Klaus on the Steyr where water is let off when the height reaches a critical level.

Water found in Upper Austria's landscapes is the epitome of cleanliness: the Schiederweiher (above) and Alm (below) are drinking water quality as well as being the home to a great variety of fish and other water animals.

Genauso wie der Inn und die Traun hat auch die Mühl einem ganzen Landschaftsabschnitt von Oberösterreich, dem Mühlviertel, seinen Namen gegeben. Sie zählt – ebenso wie die anderen Mühlviertler Flüsse Waldaist, Feldaist und Naarn zu den über weite Strecken vollkommen naturbelassenen Fliessgewässern im Land.

Mühlen gibt es heute nur mehr wenige. Die meisten von ihnen, wie zum Beispiel die Katzensteinermühle am Gaflenzbach, werden heute museal genutzt.

Beim so genannten „Stromboding" in Hinterstoder bahnt sich der Steyr-Fluss seinen Weg durch die Ausläufer des Toten Gebirges.

Neben den Flüssen zählen auch die vielen Seen zu den grösseren Gewässern Oberösterreichs.
Aufgrund ihrer hervorragenden Wasserqualität und ihrer landschaftlichen Schönheit sind der Mondsee (unten) oder der Traunsee (rechts unten) touristische Ziele von internationaler Bedeutung.

The Mühl gave its name to one of the districts of the province: the Mühlviertel, just as the Inn and the Traun. The Mühl, like the other rivers Waldaist, Feldaist and Naarn is allowed a natural course through the landscape.

There are only very few mills left. The majority of them like the Katzensteiner Mill on the Gaflenz stream are now used as museums.

The Steyr river makes its way through the foothills of the "Toten Gebirge" at "Stromboding" in Hinterstoder:

The lakes in Upper Austria, like the Mondsee (below left) and the Attersee (below) are famous for their excellent water quality and beautiful landscapes.

Im Mittelalter einer der bedeutendsten Wallfahrtsorte, heute touristisches Zentrum: Die Marktgemeinde St. Wolfgang mit der Wallfahrtskirche, in der sich ein bedeutender Flügelaltar des international bekannten Meisters Michael Pacher befindet.

Weltkulturerbe am Seeufer: Der schon seit frühgeschichtlicher Zeit besiedelte Ort Hallstatt, der mit der Hallstattkultur sogar einer ganzen Epoche seinen Namen gab.

Ebenfalls ein Kulturgut von internationalem Rang: Der k. u. k. Raddampfer Gisela am Westufer des Traunsees mit der Kulisse des Traunsteins im Hintergrund.

St. Wolfgang, once in medieval times a centre of pilgrimage, is now a tourist attraction. The market town of St. Wolfgang with its church and its famous winged altar by Michael Pacher.

Hallstatt, World Heritage Site on the banks of the lake, has been a settlement since early history and gave its name to the epoch in European history: the Hallstatt Culture.

Cultural heritage of a different sort: the Imperial paddle steamer "Gisela" on the west bank of Lake Traun with the Traunstein in the background.

Weltweit bekannt durch die Fernsehserie „Schlosshotel Orth" – das Wasserschloss Ort, eines der Wahrzeichen der „Salzkammergut-metropole" Gmunden

Oberösterreichs Seen – an manchen Tagen auch ein Spiegelbild der faszinierenden Landschaft; so zum Beispiel der Gosausee (rechts unten) mit dem Dachsteingletscher im Hintergrund

Schloss Orth made famous by the TV series "Schlosshotel Orth" is one of the landmarks of the Salzkammergut-"metropolis" Gmunden.

The Dachstein Glacier reflected in the waters of Lake Gosau (below, right)

Berge und Täler, Wälder und Fluren

In vielen Seen des Salzkammergutes spiegeln sich an klaren, sonnigen Tagen die sie umgebenden Berge wider. Einer davon ist mit 2995 m der höchste Berg Oberösterreichs. Er wurde, weil er quasi das „Dach" des Landes bildet, von den Menschen kurzerhand „Dachstein" genannt. Oberösterreich teilt sich den markanten Gipfel dieses weithin sichtbaren Berges mit seinem Nachbarbundesland, der Steiermark, doch auch als Grenzberg ist er mit seinen drei mächtigen Gletschern zweifellos einer der anmutigsten Berge unserer Heimat.

Der Dachstein ist Bestandteil eines mächtigen Kalkgebirges, das – von zahlreichen Eis- und Tropfsteinhöhlen, von Dolinen und Schluchten, wie der Dr.-Vogelgesang-Klamm oder dem Weißenbachtal, zerfurcht – beinahe die gesamte südliche Landesgrenze von Oberösterreich umschließt. Am Fuße dieses Gebirgsmassivs, dessen vegetationsärmste, am meisten verkarstete und schroffste Abschnitte auch als „Totes Gebirge" bezeichnet werden und das größte Karsthochplateau der Ostalpen bilden, haben sich zahlreiche Karstseen und Karstquellen gebildet. Die bekannteste davon, der Pießlingursprung mit einem Wasserausstoß von bis zu 2000 Litern pro Sekunde (nach längeren Regenperioden oder der Schneeschmelze), zählt sogar zu den größten derartigen Quellen Europas.

Neben dem Hochgebirge mit seinen Gletschern, Spitzen und Graten begegnen einem in Oberösterreich natürlich auch Mittelgebirgsregionen.

In einem fließenden Übergang schließen sie an das Hochgebirge an, indem die Erhebungen von Süden nach Norden hin immer niedriger ausfallen, die Berge allmählich sanfter, vegetationsreicher und damit auch bewaldeter werden.

Es ist dies jene einzigartige Gebirgslandschaft, die heute teilweise als „Nationalpark Kalkalpen" ausgewiesen ist und die durch das Vorhandensein von Holz, Wasser und Bodenschätzen ideale Standortvoraussetzungen für eine in Oberösterreich bereits vor vielen Jahrhunderten einsetzende Montanwirtschaft bot.

Den Übergang vom Mittelgebirge zu den Niederungen des oberösterreichischen Zentralraumes bildet dann das nördliche Alpenvorland. Bestehend aus einer langen Kette sanft anmutender Hügel, durchzieht es Oberösterreich von der Landesgrenze mit Salzburg im Westen bis an die östliche Grenze bei Steyr, ehe es auch in Niederösterreich seine Fortsetzung findet. Der Landschaftscharakter dieser „Flyschzone", wie die Geologen sie nennen, ist durch maximal 800 bis 900 Meter hohe, teils bewaldete, teils von Gras oder mit Mostobstbäumen bewachsene Hügel geprägt.

Weitere wichtige Höhenzüge im Landschaftsbild Oberösterreichs sind außerdem noch der Hausruck und der Kobernaußer Wald, beide mit Höhen bis maximal 800 m; weiters das Mühlviertel, das geologisch und tektonisch den mit Abstand ältesten Gebirgszug des Landes darstellt, weil es sich bei seinem dominierenden Gestein, dem Granit, um ein magmatisches Tiefengestein handelt, das im Sauwald und bei Linz bisweilen auch über die Donau überschlägt.

Das Mühlviertel mit den zahlreichen Wackelsteinen, den vielen Dreiseithöfen mit ihrem Bloßsteinmauerwerk, den unendlichen Weiten des Böhmerwaldes und der das Land durchziehenden Trasse der ehemaligen Pferdeeisenbahn gilt – nicht zuletzt als Heimat des berühmten Dichters Adalbert Stifter – heute als Inbegriff oberösterreichischer Kulturlandschaft.

Das Tote Gebirge ist ein wasserdurchlässiges Karstgebirge, an dessen Fusse sich zahlreiche Quellen und Seen wieder finden, in denen das im Gebirge durchgesickerte Wasser zu Tage tritt.
Manche dieser Seen wurden auch vom Menschen künstlich aufgestaut, wie etwa der Schiederweiher bei Hinterstoder, an dessen Wasseroberfläche sich die Berge Ostrawitz (links), Spitzmauer (Mitte) und Grosser Priel (rechts) widerspiegeln.

The Tote Gebirge are karst mountains and do not retain any water, hence the numerous springs and lakes. Some, however, are man made such as the Schiederweiher near Hinterstoder which reflects the Ostrawitz (left), the Spitzmauer (centre) and the Grosser Priel (right).

So wie im Winter Langläufer, Skifahrer und Tourengeher in Oberösterreichs Bergen ihrer Leidenschaft frönen, sind es im Frühjahr, Sommer und Herbst die Wanderer und Bergsteiger, die nach einem erfolgreichen Aufstieg den Rundblick vom Gipfelkreuz aus geniessen – etwa vom 2064 m hohen Grossen Woising (rechts).

Hikers use their mountains in spring, summer and autumn and enjoy the view from the summit after a good climb like here, from the Grossen Woising (2064 m, right).

Jeder, der schon einmal auf einen Berg gestiegen ist, hat auch die Annehmlichkeit der Rast auf einer Hütte kennen gelernt. Die Feichtauhütte am Fusse des Hohen Nock ist ein beliebter Ausgangs- und Endpunkt für Touren durch das Sengsengebirge.

Gäste in Oberösterreich können nicht nur Berge besteigen, sondern auch ihr Inneres erforschen: Die Dachstein-Eishöhle in Obertraun bildet ein beeindruckendes Naturschauspiel, das österreichweit seinesgleichen sucht.

Anyone climbing in the mountains, knows how pleasant a stopover at a chalet can be. The Feichtau Chalet at the foot of the Hohen Nock is a popular resting place at the beginning and end of hikes through the Sengsengebirge.

In Upper Austria one can also experience the inside of mountains as well as climbing them: the Dachstein Ice Caves in Obertraun are a unique and impressive natural monument.

Oberösterreichs Gebirgslandschaften sind auch im Winter attraktiv: Egal ob auf der Hutterer Höss in Hinterstoder, in Gosau, ob auf dem Hochficht, auf dem Dachstein oder in den kleineren Wintersportorten, den Schifahrern, Langläufern, Snowboardern und Tourengehern eröffnen sich jede Menge Pisten, Loipen und Hänge aller Schwierigkeitsgrade; und all das vor dem Hintergrund eines einzigartigen Bergpanoramas.

Upper Austria's mountain landscape is also attractive in winter: at the Hutterer Höss in Hinterstoder, in Gosau, or the Hochficht, the Dachstein or in smaller resorts: there is plenty of space for skiing, to do cross-country skiing, snow-boarding or go hiking on prepared pistes and routes with a fascinating mountain scenery in the background.

Oberösterreich – nicht nur ein Land der Berge, sondern auch ein Land der Burgen.
Überall im Bundesland finden sich heute noch mehr oder weniger gut erhaltene Herrschaftssitze traditionsreicher Adelsgeschlechter, etwa der Losensteiner oder der Schaunberger, von denen aus wichtige Verkehrswege oder die Weiten der Ebenen – wie zum Beispiel des Eferdinger Beckens – kontrolliert wurden.

Ruinen, Mauern oder einzelne Gebäudeteile sind jene Relikte längst vergangener Epochen, die noch heute von der Macht und vom Einfluss künden, der einst von den Herrschaftssitzen im Land ausging.
Bei aufmerksamer Betrachtung dieser Bau- und Kulturdenkmäler wird das Leben längst vergangener Generationen nachvollziehbar.

Upper Austria is not only a land of mountains but one of castles too.
There are plenty of castles and ruins dotted all over the province which once belonged to noble families, like the ones in Losenstein or Schaunberg from which important transport routes and whole areas like the Eferding Basin could be controlled.

Ruins, walls and parts of constructions are the relics of a long past era which still illustrate the power and influence once held by the rulers of the province.
Careful observation of these structures can make the times of yesteryear seem tangible.

Die riesigen Wackelsteine im Mühlviertel, quasi von göttlicher Hand geschaffene Skulpturen, wie sie kein Künstler origineller gestalten könnte, prägen seit Jahrmillionen das Landschaftsbild des Mühlviertels.
Und doch hat auch der Mensch dort seine Spuren hinterlassen: Zahlreiche Industriedenkmäler sind Zeugen des einstmals goldenen Handwerks.

The giant balancing stones of the Mühlviertel seem to be put in place by divine power, have characterised the area for millions of years. Yet man has also left his mark: countless monuments of a long past industry.

Ob bei einer Wanderung im Herbst oder während eines Sonnenuntergangs an einem Sommertag – das Mühlviertel ist einer der Landstriche Oberösterreichs, wo die Komposition aus Vegetation, Sonnenlicht und Landschaftscharakter den aufmerksamen Betrachter jederzeit zum Staunen bringen kann.

The Mühlviertel is an area where the composition of vegetation, sunlight and landscape always seem pleasant to the eye in autumn or during a sunset.

Früher war der Alltag im Mühlviertel der Inbegriff von Bescheidenheit und Entbehrung. Heute, am Beginn des dritten Jahrtausends, ist das Mühlviertel zum Synonym für eine traditionsgebundene und trotzdem innovative Kulturlandschaft, für einen ökologisch noch intakten Freizeit- und Erholungsraum sowie einen allseits begehrten Lebensraum geworden.

Abbildung oben: Der wiedererrichtete Abschnitt der Pferdeisenbahn bei Rainbach im Mühlkreis

Abbildung links: Das Mühlviertel – El Dorado für Reiter

Modesty was the epitome of the Mühlviertel. Today it is the synonym for tradition and innovation in the countryside, for ecology and leisure.

Illustration above: the reconstructed section of the horse-drawn railway at Rainbach im Mühlkreis

Illustration left: the Mühlviertel has been the "horse people's" paradise.

Das Mühlviertel bildete einst mit Südböhmen eine durchgehende Kultur- und Wirtschaftslandschaft, die von wichtigen Nord-Süd-Handelsrouten durchzogen wurde. Der Warenaustausch erfolgte vom Mittelmeer bis zur Ostssee. Eines der begehrtesten Produkte, das gehandelt wurde, war das Salz.
Wichtige Verkehrsknotenpunkte entlang dieser Handelsrouten bildeten die Städte Freistadt und Gallneukirchen, die sich mittlerweile auch als Zuzugsgemeinden in unmittelbarer Nähe der Landeshauptstadt Linz einen Namen gemacht haben.

The Mühlviertel together with South Bohemia was once a cultural and economical unit which was crossed by a north-south trade route. Goods were exchanged between the Mediterranean and the Baltic, the most important of which was salt.
Important stopovers on this route were Freistadt and Gallneukirchen, which have since made a name for themselves as close neighbours of the capital, Linz.

Gründe dafür, warum das Mühlviertel unter Urlaubsgästen wie ein „Geheimtipp“ gehandelt wird, ist die vollkommen intakte Natur, gepaart mit den unzähligen Baudenkmälern und Kulturgütern, die sich äusserst harmonisch in das Landschaftsbild einfügen, und nicht zuletzt die Freundlichkeit der dort lebenden Menschen.
Abbildung oben: Das Schloss Weinberg bei Kefermarkt
Abbildung rechts oben: Das ehemalige Chorherren-Stift Waldhausen im Strudengau
Abbildung rechts unten: Detail der Ortsansicht von Mauthausen an der Donau
Abbildung ganz rechts unten: Der historische Stadtplatz von Grein mit dem berühmten Stadttheater

The Mühlviertel is famous for its untouched natural environment and cultural monuments which blend in with the landscape harmoniously and the friendly people who live there.
Illustration above: the palace of Weinberg near Kefermarkt.
Illustration above right: the former Canon Regular monastery of Waldhausen in the Strudengau
Illustration below right: detail of the town of Mauthausen on the Danube
Illustration below, extreme right: the historic town square of Grein with its famous theatre

14 68
ALTES RATHHAUS 1563
Stadtplatz
STADTTHEATER
1·7·9·1
HOTEL
denes Kreuz
Willi's Bäckerei Café

Der Zentralraum

Oberösterreichs landschaftliche Vielfalt lebt von zahlreichen Gegensätzen und so gibt es neben Bergen, Hügeln und Tälern auch zahlreiche Beckenlagen – die größten davon im so genannten Zentralraum, also im Städtedreieck zwischen Linz, Wels und Steyr. Während Gebirge und Hügelland nur dünn besiedelt sind und dort die Geländebeschaffenheit meist nur arbeitsintensive bäuerliche Wirtschaftsformen zulässt, ist der Zentralraum das Ballungs-, Wirtschafts- und Verwaltungszentrum des Landes: Ausgedehnte Siedlungsräume, großzügig angelegte Industrie- und Gewerbestandorte sowie eine dicht ausgebaute Verkehrsinfrastruktur machen das Gebiet im Städtedreieck zu einer der wirtschaftsstärksten, dynamischsten, fortschrittlichsten und produktivsten Regionen Österreichs, ja sogar Europas.

Und trotzdem ist dieser Ballungsraum kein menschenfeindliches Industrie- und Siedlungskonglomerat, wie es anderswo anzutreffen ist. Denn unmittelbar bis an die Gemeindegrenzen von Linz, Wels und Steyr reichen ausgedehnte naturbelassene Grüngürtel, die für eine klare Abgrenzung zwischen Ballungsraum und Erholungsraum sorgen und damit einen wichtigen Beitrag zur Sicherung der Lebensqualität im Zentralraum leisten.

Sogar landwirtschaftliche Nutzungsformen gibt es in einzelnen Abschnitten des Zentralraumes, etwa zwischen St. Florian und Ansfelden. Dies trägt dazu bei, dass die kleinteilige Struktur und damit die Buntheit des Landschaftsbildes erhalten bleibt und Oberösterreich nicht nur als erfolgreicher Wirtschaftsraum, sondern auch als beliebter Lebens- und Erholungsraum gilt.

Ballungsraum, Industriestandort von internationaler Bedeutung, Verkehrsknotenpunkt – und trotzdem, oder vielleicht gerade deswegen, einer der begehrtesten Lebens- und Siedlungsräume Österreichs ist der Oberösterreichische Zentralraum mit der Landeshauptstadt Linz.

Nur wenige europäische Städte dieser Grösse haben es geschafft, ihr Image einer schmutzigen Industriestadt los zu werden und sich stattdessen zu einer Kulturmetropole von internationalem Format zu entwickeln.

Abbildung oben: Linz an der Donau in der Abenddämmerung

Abbildung links: Der Linzer Freinberg als Nahtstelle von Naturlandschaft und Ballungsraum

Abbildung rechts: Die Warte auf dem Freinberg im Abendlicht

Linz: urban agglomeration, industrial zone, traffic turnstile and yet still a wonderful place to live in. Not many cities have managed to dispose of their industrial image as quickly as Linz did.

Illustration above: Linz on the Danube at dusk

Illustration left: the Freinberg of Linz as connection between the city and its green lung

Illustration right: the tower on the Freinberg in the evening sun

Die Landeshauptstadt Linz ist nicht nur die wirtschaftliche Metropole Oberösterreichs sondern auch das kulturelle Zentrum des Landes.
Ein Blick vom Donaupark aus nach Urfahr hinüber ist für Einheimische und Gäste genauso reizvoll wie der Blick auf die Stadt von oben, wie er sich etwa vom Pöstlingberg aus eröffnet.

Linz is not only the commercial capital of the province but also its cultural centre.
A view from the Danube park towards Urfahr is just as exciting for locals and guests as a view of the city from above, like the one from Pöstlingberg.

Linz ist darüber hinaus eine Grossstadt im Grünen. Stadt und Umland sind auf das Engste miteinander verzahnt, vom Zentrum aus ist man in wenigen Minuten in den Naherholungsgebieten, vom Umland kommt man auch mit öffentlichen Verkehrsmitteln problemlos in die City.

Linz is also a city set in greenery. Town and country combine closely and even from the centre of town one is only minutes away from leisure areas which can easily be reached by public transport.

Oberösterreich ist verwaltungstechnisch in 15 Bezirke und drei Städte mit eigenem Statut (Linz, Wels und Steyr) gegliedert.

In den Hauptstädten der Bezirke und in den Städten mit eigenem Statut sind für die Bürgerinnen und Bürger des Landes bedeutende regionale Infrastruktureinrichtungen angesiedelt, sind wichtige Behörden und Freizeiteinrichtungen untergebracht. Dies ist Ausdruck der föderalen Struktur des Landes.

In den Bezirkshauptstädten befinden sich aber auch bedeutende Kulturdenkmäler, deren Besichtigung in jedem Fall eine Reise wert ist.

Abbildung rechts oben: Der Stadtplatz von Eferding
Abbildung links oben: Im Stadtzentrum von Vöcklabruck

Upper Austria is divided into 15 districts and has 3 cities with their own statutes (Linz, Wels and Steyr)

The district capitals and the municipial cities manage the infrastructure and have their own civil service and leisure amenities. This shows the federal character of the province.
Each capital has its own cultural monuments which are well worth a visit.

Illustration above right: the main square of Eferding
Illustration above left: the centre of Vöcklabruck

Welch grossen Reichtum die Verarbeitung von Roheisen zu Metallwaren mit sich brachte, wird am Beispiel der alten Eisenstadt Steyr, der drittgrössten Stadt des Landes, deutlich.

Abbildung rechts unten: Blick über den Ennskai mit dem Schloss Lamberg, der Pfarrkirche St. Michael und dem Taborturm im Hintergrund

Abbildung links unten: Einstmals Mautstation (Schnalle), das Steyrer Schnallentor

Wealth and status of Steyr, the third largest town in Upper Austria, is due to its association with iron and the trade thereof.

Illustration below right: the Quay of the Enns with the palace of Lamberg, the church of St. Michael and the Tabor Tower in the background.

Illustration below left: former tollstation: the Steyrer Schnallentor

FROM THE WOODS TO ETERNAL ICE
UPPER AUSTRIA'S LANDSCAPES

"Country of mountains, country of rivers, country of fertile fields, country of cathedrals ..." are the words at the beginning of the Austrian National Anthem. The province of Upper Austria is one of the most fascinating and commercially strong regions in the country as a whole and reflects the beautiful landscapes in minature.

It has an area of some 11 979,72 square kilometres and 1,37 million inhabitants. It is the third largest province according to size and according to population. Due to its position in the middle of the country between East and West it is fondly referred to as the heartland of Austria.

"Four Quarters" make the Whole

The province is divided into four quarters based on historical development. These quarters are the Innviertel, the Hausruckviertel, the Traunviertel and the Mühlviertel, which are geographically, demographically and in dialect defined as separate cultural and natural areas.

These quarters though are separate in a rather artificial sense and by political history, there are no geographical features that separate them. They merely flow into each other as the differing landscapes do. The varying lifestyles of their inhabitants do not differ that much from each other either. The only feature that does show the difference are the forms of the houses and farms and the local traditional costume.

Upper Austria is a province of diversity and variation – a miniature Austria but one where the diversifying parts melt into a unanimous whole.

Rivers and Lakes

As the veins flow through a leaf, so do the rivers course through Upper Austria making their way in their riverbeds carved out over thousands of years. Ice ages and warmer periods came and went and thus changed the advancement and retreat of ancient glaciers and thus changed the course of the rivers. The Traun, Steyr and the Enns Rivers especially have thus dug their way into the earth and formed stunning, deep valleys measuring hundred metres in some places.

The Inn, Traun, Alm, Steyr, Enns, Aist, Rodl and Mühl Rivers all go to make unique landscapes but they all have one thing in common: they have always, since history began, been used as a mode of transport and source of energy. They are called the life lines of the province.

Most flow in a North-South direction or vice versa. It is only the Danube, the longest river in the country that crosses the province in a North-West/South-East direction and takes all the other rivers with it with the exception of the Maltsch.

The most picturesque river landscapes are to be found along the Danube at the Schlögener Schlinge and the Strudengau at Grein along the 2850 km route of the Danube which ends in the Black Sea.

Many of the river landscapes have been influenced over the centuries by man: they were used as a means of transport of raw materials. After the Second World War, several hydro-electric schemes were built on the Enns and Danube and artificial lakes arose. Many rivers received their old form back however, which meant that flora and fauna could return to their old haunts and leisure areas for the province's inhabitants were created.

Besides the great number of streams, rivers and dams the province also has several natural lakes. Most were created when the mighty glaciers scraped deep paths out and these filled up with water from pre-historic rivers. Thus developed the lake district in the Innviertel and the Salzkammergut: the greatest lakes North of the Alps.

The lakes Zeller, Mondsee, Wolfgang and Traun provide the province with excellent drinking water and together with the Attersee, the province has the greatest amount of lakes in the country as a whole. Lake Hallstatt with the town of Hallstatt has been declared by the UNESCO as a World Heritage Site.

Der äusserste Norden Oberösterreichs ist geprägt von den unendlichen Weiten des Böhmerwaldes, in die eingebettet verschiedene Täler mit kleineren Ortschaften liegen. Es ist dies die Heimat Adalbert Stifters, des berühmten Lehrers, Literaten und Malers.

The northern part of the province is characterised by the endless stretches of the Bohemian Forest in which valleys and small villages lie. It is the home of Adalbert Stifter, the famous teacher, author and painter.

Mountains, Valleys, Woods and Rivers

Most of the lakes of the Salzkammergut reflect the mountains around them. One of these mountains is the highest in the province: it is the "Dach" i.e. roof of the province and hence its name "Dachstein". Upper Austria shares this unique and easily visible mountain with Styria with which the province shares a border. It is the most attractive peak with its three mighty glaciers.

The Dachstein is part of the Kalkgebirge which is crossed by countless ice and stalactite caves, deep gorges and combed like the complete Southern border of the province. At the foot of this massif, part of which is a very arid and dry area, the so-called Totes Gebirge (i.e. "Dead Mountains") – the largest such plateau in the Eastern Alps, numerous lakes and water sources have formed. The most famous of these is the Pießling source with an output of 2000 litres a second after rainy periods or ice melting. It is considered one of the largest water sources in Europe.

Besides mountains and glaciers, the province also boasts a substantial amount of middle sized mountains. They join up to the highest peaks and drop off in altitude to the North.
Part of this unique landscape is incorporated in the National Park "Kalkalpen". Here wood, water and plenty of metal ore have allowed a healthy mining culture to develop over the ages.

Descending in altitude even more, one finds oneself in the Northern pre-alpine regions characterised by rolling hills which cross the province at its border with Salzburg in the West to Steyr in the East and continue into Lower Austria. This is the so-called "Flysch Zone" to the geologist and the area is no higher than 800 to 900 metres and is made up of grass-covered hills lined with cider apple trees.

Other high areas in Upper Austria are the Hausruck and the Kobernaußer Forest with an altitude of maximum 800 above sea level. The Mühlviertel ranging from the Sauwald to Linz,

is another high plateau and forms geologically and tectonically the oldest mountain range of the province as its dominating stone, granite, is a deep magma stone.

The Mühlviertel is characterised by its balancing menhirs, its three-sided farmhouses, open stone walls, the endless Bohemian Forest and the tracks of the former horse-drawn railway. It is also the home of the author and poet, Adalbert Stifter.

The Central Zone

The province's attraction thrives from the contrasts of hills, mountains, valleys and basins the largest of which is the Central Zone within the triangle of cities Linz–Wels–Steyr.
The hilly and mountainous districts are thinly populated and allow according with the landscape for some partly labour-intensive agriculture. The Central Zone, however, is densely populated, industrial and administrative. There are large residential areas, extensive trade and industrial zones and a dense network of transport. These factors all go to make the triangle one of the strongest and most dynamic areas of Austria, and even Europe.

Yet, despite industry and dense settlement, it remains one of the most pleasant places to stay. There is plenty of nature and green areas just beyond this triangle of cities which clearly divide areas of residence and areas of recreation and go to increasing the quality of life here. Farms still exist here like the ones between St. Florian and Ansfelden. This keeps the zone colourful and diversified and allows the province to boast a sizeable industry as well as green space and recreational areas.

Vom Gosausee, ganz im Süden Oberösterreichs, eröffnen sich Blicke auf das Ewige Eis, den Gosaugletscher am Hohen Dachstein. Dieser fast 3000 m hohe Berg bildet auch die Grenze zu den Bundesländern Steiermark im Süden und Salzburger Land im Westen.

A view of eternal ice: the Gosau Glacier on the Hohen Dachstein seen from Lake Gosau. The Dachstein is nearly 3000 m high and marks the border between the province of Styria in the south and Salzburg in the west.

Oberösterreich ist ein Land der Vielfalt und der Abwechslung. Die Vielfalt Oberösterreichs spiegelt sich auch in seiner Landschaft wider, die von schier endlosen Wäldern bis zum Hochgebirge reicht. Auch die zahlreichen Pflanzen und Bäume sind Ausdruck dieser Vielfalt, je nach Jahreszeit legen sie ein unterschiedliches Farbenkleid an.

Upper Austria's diversity: endless forests and high mountains. Diversity in its flora too: a brilliant "coat of many colours" which seems to be donned in all seasons.

Im Herbst eine der liebsten Freizeitbeschäftigungen der Linzer Kinder und ihrer Eltern: Das Drachensteigen an der Linzer Turmlinie, unweit des Leondinger Stadtmuseums im Turm 9.

Flying kites is one of the favourite pastimes of the children of Linz and their parents. Here: kites above the tower line of Linz, near Tower no. 9.

Mostschädel, Industriepionier und Musikant Gottes

Oberösterreichs Menschen im Spiegel

„Ein Abbild der starken und reichen Natur ..."

Wer die Menschen eines Landes treffend beschreiben will, sieht sich ständig mit der Gefahr konfrontiert, ins Klischeehafte abzugleiten. Denn genauso, wie die Landschaft Oberösterreichs keine durchgängige geografische Einheit bildet, ist auch die Bevölkerungsstruktur Oberösterreichs viel zu heterogen, als dass mit allgemein gültigen Aussagen die Menschen in diesem Land wirklichkeitsgetreu zu charakterisieren wären.

Am ehesten ist es möglich, die Oberösterreicherin und den Oberösterreicher treffend zu charakterisieren, wenn man die Art und Weise seiner Alltagsbewältigung beschreibt. Essen und Trinken zum Beispiel geben uns einen Einblick in das Leben der hier wohnenden Menschen, in ihre Vorlieben, in das, was hierzulande gebräuchlich ist.

Als im 18. Jahrhundert die Reiseliteraten durch die Lande zogen, galt das Land zwischen Inn und Enns, zwischen dem Sternstein und dem Dachstein als begehrtes Reiseziel. In blumigen Worten gaben die aus der Ferne angereisten Gelehrten und Dichter ihre Eindrücke vom Land und von seinen Menschen wieder. Friedrich Nicolai etwa meinte 1782: „Man lebt in keiner Weltgegend glücklicher als in diesem Provinzwinkel. [...] Die Natur hat ihn mit Annehmlichkeiten geschmückt und mit Überfluss versehen."

Der Dichter Joseph Freiherr von Eichendorff wiederum hielt 1807 in seinem Tagebuch fest: „Die Gegenden wurden herrlich, die Vegetation immer üppiger und ein anderes Leben begann. Die Straße wimmelte von Fuhrleuten, die von und nach Linz fuhren, und eine Menge Leute giengen, da es gerade Sonntag war, in die Kirchen. Ihre Tracht ist schon national verschieden. Die Männer schwarze Röke und Hosen, rothe Westen und grüne tyroler Hosenträger. Die Weiber auch schwartz und große weiße Hüte oder bunte Tücher auf dem Kopfe. Ihre Gesichter sind eigen frisch, großäugig und hertzig und ihre gantze Form ein Abbild der starken und reichen Natur, die sie umgibt."

Abt Anselmus Desing war bereits 1741 aufgefallen, dass das Volk wacker sei und es unter den Landleuten starke, mutige Kerle gebe, die essfreudig seien und sich sehr stark des Mostes bedienten.

Der Oberösterreicher ist, was er isst? In vielen Regionen des Landes sind der Most als bäuerlicher Haustrunk und die Speckjause immer noch Ausdruck eines gewissen Traditionsbewusstseins.

You are what you eat? In many of the regions of the province, cider is the favourite drink of the farmers along with a good snack of smoked pork.

Sportland Oberösterreich – und das nicht nur im Winter sondern auch im Sommer!

Aufgrund seiner landschaftlichen Vielfalt, vom Hochgebirge bis zur Ebene, vom stillen See bis zum reissenden Wildwasserfluss und nicht zuletzt wegen zahlreicher dünn besiedelter Gebiete kann in Oberösterreich nahezu jede Art von Sport ausgeübt werden.

Die Förderung des Sports hat in Oberösterreich grossen Stellenwert, jedes Jahr werden mehrere Millionen Euro investiert um den Sportlerinnen und Sportlern bestmögliche Bedingungen für die Ausübung ihrer Leidenschaft zu bieten.

Oberösterreichs Athletinnen und Athleten – gleichgültig ob Amateur oder Profi – haben in den vergangenen Jahren immer wieder namhafte Auszeichnungen gewonnen. Olympiasieger und Weltmeister finden sich genauso unter ihnen wie Inhaber von Weltrekorden oder nationalen Rekorden.

Sport takes place in winter and summer here.

The diversity of Upper Austria's landscape ranges from high mountains, plains, tranquil lakes and wild mountain streams. In its thinly populated regions, all sorts of sports are possible.

Sport is subsidised in a grand style in Upper Austria, with millions of Euro spent on offering sportsmen and women the best amenities for training.

Upper Austria's athletes, amateur or professional, have won many prizes in the last years. The province boasts world record holders and Olympic gold medallists.

Der Mensch ist, was er isst

Ischler Törtchen

Traditionelles Mürbteiggebäck mit feiner Obers-Vanille-Creme und Schokoglasur

Zutaten

Mürbteig

Vanillezucker, abgeriebene Schale einer unbehandelten Zitrone oder Zitronenaroma, 1 Eidotter, 1 Prise Salz, 150 g Staubzucker, 300 g Butter, 450 g Weizenmehl, geröstete Mandeln.

Ischler Creme

¼ l Obers, 80 g Butter, 50 g Zucker, 1 Esslöffel Honig, 20 g Rum, 200 g geriebene Bitterschokolade.

Zusätzlich

100 g Ribiselmarmelade, 1 Becher Glasurmasse.

Zubereitung

Butter, Zucker, Vanillezucker, Eidotter und Zitronenschale (oder Zitronenaroma) abarbeiten und dann das Mehl vorsichtig einmischen, bis ein glatter Teig entstanden ist (nicht kneten). Den Mürbteig zu einer Kugel formen und in Frischhaltefolie gewickelt zwei Stunden kühl stellen. Dann den Teig zirka zwei Millimeter dick ausrollen. Mit einem runden Ausstecher mit einem Durchmesser von sechs Zentimetern Plätzchen ausstechen. Auf ein mit Backpapier belegtes Backblech legen und im vorgeheizten Rohr bei 170 Grad goldgelb backen.

Für die Ischler Creme Obers, Butter, Zucker und Honig in einem Kessel aufkochen und zur Seite nehmen. Den Rum dazugeben und die geriebene Bitterschokolade einrühren und auflösen. Die Creme etwas überkühlen lassen und mindestens zwei Stunden kalt stellen. Anschließend wird die abgesteifte Creme in einem Wasserbad etwas temperiert, aufgeschlagen und in einen Spritzsack mit Lochtülle gefüllt.
Auf die Hälfte der Mürbteigscheiben die Creme zirka einen Zentimeter dick auftragen, eine zweite Teigscheibe darauf setzen und leicht andrücken.

Anschließend die Oberseiten mit heißer Ribiselmarmelade bestreichen und mit flüssiger Glasurmasse überziehen. Zum Schluss mit einer angerösteten halbierten Mandel belegen.

Rezept von Josef Ferner-Zauner, Konditorei Zauner, Bad Ischl; entnommen aus Spezialitäten aus Österreichs Regionalküchen, Trauner Verlag, Linz

Ischler Törtchen und Ischler Krapferl werden landesweit in zahlreichen Variationen hergestellt.
The famous confectioner's ware in Bad Ischl

Die Bezeichnung „Mostschädel“, die heute noch als Synonym für den typischen Oberösterreicher gilt, kommt daher nicht von ungefähr.
Auch wenn sie vielleicht auf den ersten Blick ganz und gar nicht schmeichelhaft ist, steckt in ihr doch eine gewisse Liebenswürdigkeit. Denn die Vorliebe der Oberösterreicher für den Most, ein aus vergorenen Äpfeln und Birnen hergestelltes Nationalgetränk, genannt die „Landessäure“, ist eben fast eine Charaktereigenschaft vieler hier geborener Menschen. Sie ist auch Ausdruck eines Traditions- und Heimatbewusstseins, das hierzulande sogar im Essen und Trinken seinen Niederschlag findet.

Traditionelle Hausmannskost, zum Beispiel Geselchtes mit Grießknödeln und Kraut, die auch schon von Anton Bruckner als Leibspeise genossen wurde, hat aber auch heute noch genauso einen Stammplatz im Speiseplan der Oberösterreicherinnen und Oberösterreicher wie Kartoffeln in allen Variationen, Innviertler Knödel, die Linzer Torte, das Ischler Krapferl und vieles andere mehr.
Mitunter ist es auch noch Sitte, das Essen mit etwas Hochprozentigem zu beenden: Obstler, Kornerner, Zwetschkener oder Sauhäuterner, ein mehr durch Volumsprozente als durch Geschmack beeindruckendes Destillat, sind „hochgeistige Genüsse“, die viele Gaumen in unserem Land erfreuen.

Trotzdem wäre es nicht Oberösterreich, wenn sich nicht die Innovationsbereitschaft der Menschen auch in der Esskultur niederschlagen würde. Vor allem in den Städten des Landes reicht die Palette der angebotenen Speisen und Getränke von der traditionellen oberösterreichischen Küche über fleischlose Biogerichte und fremdländische Speisen bis hin zum eiligst servierten Fastfood. Und so haben sich auch die Lokale verändert: Während am Land noch in erster Linie gutbürgerliche Wirtshäuser und Landgasthäuser ihre Gäste zufrieden stellen, sind in den Städten in den letzten Jahren vermehrt In-Lokale entstanden, die auf die sogenannte Erlebnisgastronomie setzen.

Eine kulinarische Institution jedoch trotzt all diesen Veränderungen und erfreut sich nach wie vor größter Beliebtheit – der Würstelstand. Mit seinem vergleichsweise begrenzten Angebot an Speisen, das in erster Linie gängige Kochwürste wie Frankfurter, Münchner, Debreziner, Buren oder Waldviertler und manchmal auch Bratwürste, Bosna, Leberkäse und Pommes frites umfasst, ist er die traditionsreiche gastronomische Einrichtung in Oberösterreich schlechthin. Er fungiert aber auch als Kommunikationszentrum und als Umschlagplatz für Neuigkeiten – wahrscheinlich wird er auch deshalb von den Oberösterreichern so geschätzt.

„Essen und Trinken hält Leib und Seele zusammen", sagt man in Oberösterreich und deshalb darf auch bei einem Urlaub im Wochenendhaus oder einem Ausflug ins Grüne der kulinarische Genuss nicht zu kurz kommen.

Culinary highlights are very important to the Upper Austrian, even when taking a trip into the countryside.

Kleider machen Leute

Ähnlich wie mit der Gastronomie verhält es sich auch mit der Kleidung: Herr und Frau Oberösterreicher ziehen sich gerne schick an; ob jung oder alt, man versucht mit der Mode zu gehen und drückt sein Selbstverständnis über die Kleidung aus. Denn „Kleider machen Leute" heißt es und da wollen die Bewohner eines der innovativsten und fortschrittlichsten Bundesländer Österreichs dem Rest der Welt natürlich um nichts nachstehen; gibt es doch gerade in den Städten eine Vielzahl an Boutiquen, in denen die neueste Mode verkauft wird.

Andererseits setzen aber viele Landsleute bei ihrer Kleidung auch auf altbewährte Schnitte und Formen und bevorzugen deshalb die Tracht.

Durch unterschiedliche Kopfbedeckungen, regionaltypische Schnittmuster und auch durch unzählige Kombinationsmöglichkeiten der verschiedenfärbigen Stoffe wird auf diesem Sektor eine ungeheure Vielfalt geboten und Oberösterreich verfügt über eine der abwechslungsreichsten Trachtenlandschaften Österreichs.

Während der Oberösterreicher früher durch die Art der Bekleidung, durch die Auswahl der Stoffe, der Schnitte und Farben bzw. der Kopfbedeckung eine gewisse gesellschaftliche Stellung zum Ausdruck brachte – etwa mit der Hammerherrentracht – wird Trachtenkleidung heute primär ohne Rücksicht auf die Zugehörigkeit zu einer bestimmten gesellschaftlichen Schicht getragen.

Dies gilt auch für die weltweit einzigartige, kunstvoll gestickte Linzer Goldhaube, die sich von der elitären, ursprünglich privilegierten Linzer Bürgersfrauen vorbehaltenen Kopfbedeckung zum beliebten Bestandteil ländlicher Trachten gewandelt hat, der in Kursen von den Frauen gerne selbst hergestellt wird.

Erfreulich an der Entwicklung der Tracht ist, dass sie in den letzten Jahren in Oberösterreich – mit ihren neuen Schnitten, Farben und Formen – auch unter den jüngeren Menschen wieder ihre Anhänger gefunden hat; und dies, obwohl im Zuge der Globalisierung gerade die trendige Designerkleidung aus aller Welt vermehrt auf den heimischen Bekleidungsmarkt drängt.

Gerade im florierenden Handel- und Dienstleistungsbereich liegen die wirtschaftlichen Stärken Oberösterreichs. Und so ist es kein Wunder, dass es in allen grösseren Städten des Landes hervorragende Möglichkeit zum Einkaufen, Bummeln und Geniessen gibt.

Abbildung links: Alle wesentlichen Geschäfte unter einem Dach und das im Herzen der Grossstadt – die Linzer Arkade

Upper Austria's strength is to be found in trade and commerce, reflected in variety and high quality of articles found in the shops.

Left: All important shops under one roof: the Arkade shopping centre in Linz

Ursprünglich den Bürgersfrauen vorbehalten, heute aber in allen gesellschaftlichen Schichten verbreitet, ist die Goldhaube, die es auch in einer Ausführung als so genannte „Mädchenhaube" gibt.

Die Trägerinnen der Goldhaube sind landesweit in den Goldhaubengruppen organisiert. Neben der Verschönerung wichtiger Feste und Feiern durch die Anwesenheit von Trägerinnen der Goldhaube kommt diesen Vereinigungen auch zentrale Bedeutung bei der Bewahrung eines Stücks kultureller Identität und bei der Betreuung karitativer Projekte zu.

The golden bonnet was originally reserved for the burghers' wives: now everyone can wear it.

There are groups of the Golden Bonnet wearers all over the country and they appear at various festivities to brighten it up a little and keep the tradition going.

Die Volksmusik ist ebenfalls Ausdruck des Heimat- und Traditionsbewusstseins der in Oberösterreich lebenden Menschen.

Kaum ein anderes Bundesland Österreichs verfügt über ein so gut organisiertes und auf höchstem Niveau agierendes Blasmusikwesen wie Oberösterreich.

Die Blasmusikkapellen verschönern zahlreiche Feste und Feierlichkeiten im Land, sie beeindrucken nicht nur durch ihre musikalischen Darbietungen, sondern auch durch ihre authentischen Trachten und Uniformen.

Im Grenzgebiet zwischen Oberösterreich und Salzburg werden Blasmusikkapellen oft auch von den Prangerschützen aufgegriffen.

Rechts: Ziehharmonika und Tuba bilden vor allem in den ländlichen Gebieten eine beliebte Untermalung für Musikantenstammtische.

Volksmusik mit eigentlich nicht ortsüblichen Instrumenten: Alphornblasen auf der Gschwendt-Alm im Nationalpark Hintergebirge

Folk music is tremendously important to the people of Upper Austria.

No other province can boast as many brass bands as Upper Austria.

The brass bands perform at various festivities where their music pleases and their uniforms make an impressive sight.

In the region between Upper Austria and Salzburg, the brass bands are often accompanied by traditional marksmen (left above).

Concertina and tuba are the basis of music performed in the countryside.

Not really typical: Alpine horns in the Gschwendt-Alm National Park (right above).

LIMEX
de luxe

In Oberösterreich gibt es im Zusammenleben der einzelnen Generationen keine sozialen Spannungen.
Dies ist zum einen im weltoffenen, freimütigen Wesen der Menschen begründet, ist aber andererseits auch Ergebnis der landschaftlichen und kulturellen Vielfalt des Landes, die genügend Möglichkeiten bietet, dass alle Oberösterreicherinnen und Oberösterreicher ihren ganz individuellen Lebensstil entwickeln können.

There appears to be no conflict between the generations in Upper Austria. This is due to the open-heartedness of the people and the diversity in landscape and culture which allow all to go about his or her personal life style.

„In Linz beginnt's", so sagt man in Oberösterreich. Nicht zu Unrecht, denn Linz, als Landeshauptstadt und Universitätsstandort, als wirtschaftliche und kulturelle Metropole des Landes sowie als drittgrösste Stadt Österreichs, ist Lebensmittelpunkt zahlreicher Oberösterreicherinnen und Oberösterreicher.

Wer in den Strassen von Linz bummelt, wird nicht nur in den zahlreichen Boutiquen, Fachgeschäften oder auf den von Zeit zu Zeit abgehaltenen Märkten das Passende finden, sondern kann auch an einem Würstelstand oder in den Gastgärten der Innenstadt-Lokale traditionelle oberösterreichische Küche geniessen.

Abbildung rechts oben: Die Landstrasse, eine florierende Einkaufsmeile direkt im Herzen von Linz

Linz, die Landeshauptstadt, bietet vor allem jungen, dynamischen und erfolgsorientierten Menschen ideale Entfaltungsmöglichkeiten. Doch weil Oberösterreich ein Land sozialer Wärme ist, wird auch auf die Bedürfnisse kranker und behinderter Menschen nicht vergessen.

"Linz is the departure point for all" is the motto of the city and this is indeed true. Linz has several universities. It is a commercial and cultural centre and the third largest city in Austria.

It offers a wonderful shopping spree on the high street, markets, beer gardens or even the odd sausage from the numerous kiosks.

Above right: the Landstrasse in Linz: the shopper's paradise

Linz offers the young and dynamic plenty of opportunity to develop without ignoring the sick and elderly.

elle
SATURN
EURO SPAR
Gösser
inlingua

Heimat bist du großer Söhne

Offenheit, Innovationsgeist, Fleiß und gute Bildung sind seit jeher Eigenschaften, die die in Oberösterreich lebenden Menschen charakterisieren.
Zu Gute gekommen ist den Oberösterreichern aber auch immer wieder die günstige geografische Lage ihres Landes im Herzen Europas. Viele bedeutende Persönlichkeiten hielten sich immer wieder im Land ob der Enns auf, etwa Kaiser Maximilian I., der sich in Wels sogar eine eigene Burg hatte errichten lassen.

Von der Weltanschauung dieser Personen gingen bedeutende Impulse auf das Denken und Handeln der Oberösterreicherinnen und Oberösterreicher aus, es erfolgte ein vielschichtiger Kultur- und Informationsaustausch.
Ob es nun die Bajuwaren waren, die im Zuge der Völkerwanderung von Westen her vordrangen, oder Jahrhunderte später der junge Georg von Peuerbach (geboren 1423 in Peuerbach), der die Sinus-Kosinus-Rechnung entwickelte und damit entscheidende mathematische Grundlagen lieferte, auf denen später die Werke Keplers und Kopernikus aufbauen sollten – alle haben sie die geistesgeschichtliche Entwicklung dieses Landes durch ihre Leistungen und Erkenntnisse nachhaltig beeinflusst.

Die Liste der Oberösterreicher, die es zu internationalem Ruhm und Ansehen gebracht haben, ist lang. Sie reicht von Wissenschaftern und Nobelpreisträgern wie dem Welser Dr. Julius Wagner-Jauregg (1857–1940; Nobelpreis 1927), dem Entdecker der Heilfieberbehandlung gegen Malaria, über Politiker, wie den ehemaligen Bundespräsidenten Dr. Rudolf Kirchschläger (1915–2000), bis hin zu Schriftstellern, Musikern und bildenden Künstlern.

Gerade in Kunst und Kultur kann Oberösterreich eine Reihe namhafter Persönlichkeiten vorweisen: den Literaten, Schulinspektor und Heimatpfleger Adalbert Stifter (1805–1868; „Der Hochwald", „Witiko"), den weltberühmten Symphoniker Anton Bruckner (1824–1896; „Te Deum") oder den Grafiker Alfred Kubin (1877–1959), dessen Wirkungsstätte in Zwickledt bei Wernstein am Inn noch heute als Museum zugänglich ist.

Darüber hinaus gibt es eine ganze Reihe berühmter Oberösterreicher, die entscheidende Beiträge zur wirtschaftlichen Entwicklung des Landes geleistet haben. Etwa den Steyrer Industriepionier Josef Werndl, der die Waffenproduktion weltweit revolutionierte und in der Österreichischen Waffenfabriks AG auch elektrotechnische Produkte und Fahrräder – das berühmte Steyrer Waffenrad – herstellen ließ.
Josef Werndl gilt heute nicht nur in Oberösterreich als weitsichtiger, strategisch denkender Unternehmer, dem es gelang, durch die Umsetzung von Sozialprogrammen, etwa die Errichtung von Werkswohnungen, eines Arbeiterbades und eigener Arbeiterkonsumvereine, die Arbeitskräfte gerade in Zeiten konjunkturbedingter Arbeitskräftemigration an sein Unternehmen zu binden.

Doch Oberösterreich hat nicht nur in seiner Ahnentafel eine Reihe berühmter Persönlichkeiten vorzuweisen. Auch heute noch werden die Kultur, die Wirtschaft und vor allem die Identität des Landes von einer Reihe von Persönlichkeiten geprägt, deren Leistungen international anerkannt sind. Stellvertretend sollen hier nur die Schriftstellerin Gertrud Fussenegger (geboren 1912), der Maler Gunter Damisch (geboren 1958), der Dirigent Franz Welser-Möst, der Physiker Anton Zeilinger und der Wirtschaftshistoriker Roman Sandgruber genannt werden.

Durch ihr Schaffen, ihre Werke und ihr Forschen, aber insbesondere den Bezug zu Oberösterreich, den alle diese Berühmtheiten des Landes immer wieder in ihren Arbeiten hervorstreichen, zählen sie zu wichtigen Botschaftern unseres Bundeslandes, durch die der Innovationsgeist, die Dynamik, aber auch die Faszination, die von diesem österreichischen Bundesland ausgeht, in aller Welt repräsentiert werden.

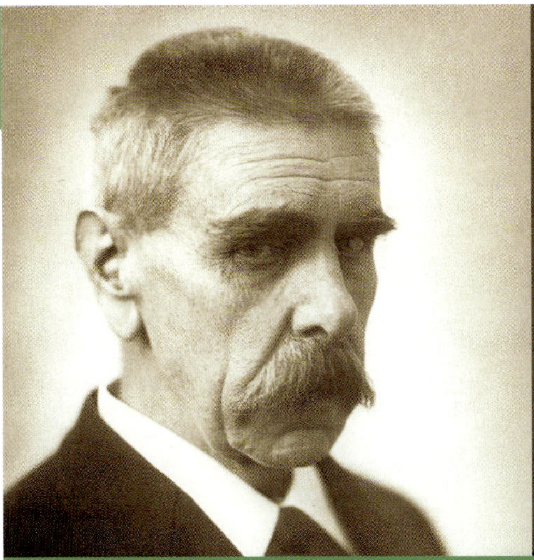

Dr. Julius Wagner-Jauregg

Univ.-Prof. Dr. Julius Wagner-Jauregg, geboren am 7. März 1857 in Wels, Entdecker der Fiebertherapie und Nobelpreisträger

Univ.-Prof. Dr. Julius Wagner-Jauregg, born on 7th March 1857 in Wels, who discovered Fever Therapy and received the Noble Prize

Josef Werndl

Josef Werndl, geboren am 26. Februar 1832 in Steyr, Begründer der „Österreichischen Waffenfabriksgesellschaft", sozial denkender Unternehmer

Josef Werndl, born on 26th February 1832 in Steyr, founder of the Austrian Weapon Factory and socially orientated entrepreneur

Adalbert Stifter

Adalbert Stifter, geboren am 23. Oktober 1805 in Oberplan in Böhmen, Schulrat (Landesschulinspektor) und Schriftsteller

Adalbert Stifter, born on 23rd October 1805 in Oberplan in Bohemia, School inspector and author

Christian Ludwig Attersee, geboren am 28. August 1940 in Pressburg, Maler, Zeichner, Designer; vereinzelt auch Musiker und Schriftsteller

Christian Ludwig Attersee, born on 28th August 1940 in Pressburg, painter, illustrator, designer also musician and author

Christian Ludwig Attersee

Thomas Bernhard, geboren am 9. Februar 1931 in Heerlen (NL), Dramatiker, Lyriker und Erzähler; bezeichnete sich selbst als „Übertreibungskünstler"

Thomas Bernhard, born on 9th February 1931 in Heerlen, the Netherlands, dramatist, lyricist and story teller who described himself as the "Master of Exaggeration"

Thomas Bernhard

Anton Bruckner, geboren am 4. September 1824 in Ansfelden, Organist, Komponist und einer der bekanntesten Symphoniker Österreichs; genannt der „Musikant Gottes"

Anton Bruckner, born on 4th September 1824 in Ansfelden, organist, composer and one the most famous symphony writers, known as " God's musician"

Anton Bruckner

Gertrud Fussenegger

Käthe Recheis

Marlen Haushofer

Valie Export

„Heimat bist Du grosser Söhne“ heisst es in der Österreichischen Bundeshymne; und doch werden wichtige Beiträge zum Kulturgeschehen in Oberösterreich von Frauen geleistet.
Zu den bekanntesten Literatinnen des Landes zählen die Schriftstellerin Gertrud Fussenegger (geb. 1912), die in Frauenstein geborene Marlen Haushofer (1920-1970) und die aus Engelhartszell stammende Käthe Recheis (geb. 1928).

The Austrian National Anthem mentions the great sons of the country. It is the women, however, who have also played an important role like the writers Gertrud Fussenegger (born 1912), Marlen Haushofer(1920-1970) of Frauenstein and Käthe Recheis (born 1928) of Engelhartszell.

Die Linzer Video-, Film- und Fotokünstlerin Valie Export (geb. 1940), Professorin an der Hochschule der Künste in Berlin, wurde im Jahr 2000 mit dem oberösterreichischen Landeskulturpreis ausgezeichnet.

Valie Export (born 1940), professor at the Fine Arts University in Berlin was awarded the Upper Austrian Cultural Prize in 2000. She is a video-, film- and photo artist.

CIDER DRINKERS, INDUSTRIAL PIONEERS AND "GOD'S MUSICIAN" – A REFLECTION UPON UPPER AUSTRIA'S PEOPLE

Whenever one attempts to describe the characteristics of a certain people, one inevitably ends up reverting to clichées. Just as Upper Austria presents no uniform landscape, the people of the area are certainly not uniform so as to be able to accurately describe them in general statements.

It is probably easier to describe the Upper Austrians by considering the way they deal with their every day life. Eating and drinking is one easy way to show what people here like and what "custom" is.

"An image of a strong and rich nature ..."

In the 18th century, as travel writers crossed the country which lies between the Inn and Enns Rivers and the Sternstein and Dachstein mountains the region was estimated as well worth visiting. The recorded impressions of these learned folk and poets were then related in flowery descriptions. Friedrich Nicolai was of the opinion in 1782: "One could not wish to live in a happier corner as in this one in the country side. (...) Nature has endowed it with a pleasant atmosphere and embellished it with opulence."

The poet, Joseph, Lord of Eichendorff made an entry in his diary in 1807: "The surroundings are wonderful, the vegetation rich and another life began. The streets were packed with carriages which travelled to and from Linz, and seeing that it was Sunday, a large amount of people were on their way to church. Traditional dress varies. Gentlemen wear black jackets and trousers, red waistcoats and green Tyrolean braces. Ladies also wear black with large white hats or colourful head scarves. Their faces are ruddy and comely, with big eyes and they appear strong and rich just like their surroundings."

Abbot Anselmus Desing noticed in 1741 already that the folk here were a valiant lot and amongst them strong and courageous fellows who ate a great deal and who drank large amounts of cider.

You are what you eat

Describing the Upper Austrian today as a typical "Mostschädel" ("Cider Mug" or "Cider Head") can certainly be traced back to this.
It is certainly no compliment at first sight but it contains a dose of familiarity. The Upper Austrian's love of cider made from apples and pears affectionately known as "Country Acid" counts as a peculiarity of people born here.

Home-cooking here means salted and smoked pork with semolina dumplings and Sauerkraut, which was also Anton Bruckner's favourite dish. It has its place on the menu along with dishes made of potato in all its variations, Innviertler dumplings, Linzer Torte and Ischler doughnuts amongst others. Since it is tradition as well to complete a meal with a schnapps, there are many one can choose from distilled from fruit, plums and wheat ... these do indeed allow a meal to end up in "high spirits"!

Upper Austria would not be true to itself if its spirit of innovation and its people's openness to change would not be reflected in the food that they eat. The menus of the larger towns of the province range from traditional Upper Austrian fare to vegetarian dishes, exotic meals and take-aways.

Just as the menus changed in the towns, so did the restaurants. Taverns still prevail in the countryside while the towns boast a range of "in" restaurants and "food experience" gastronomical venues.

One "culinary institution" which survived all trends and fashions is the sausage stand. Here the limited assortment of meals usually comprising different sorts of sausage which are boiled such as Viennas, Munich Sausages, Boer Sausages and Waldviertler along with fried sausages, "Leberkäse" and chips. These sausage stands are not only a place to eat but a place where one can catch up with the local gossip too, which makes them so endeared to the people here.

Fine Feathers make Fine Birds

Similar to the story of gastronomy is the one of clothing. Mr and Mrs Upper Austria enjoy wearing good clothes; young and old try to keep up with the latest fashions and this is seen in the way people dress. "Clothes make people" and it is this motto that is the incentive that the makes the people here in the province of Upper Austria want to "keep up with the Joneses" and prove that they are innovative and progressive. Hence the number of boutiques in the towns sporting the latest fashions.

There are others, however, who prefer to wear more traditional clothing with more conservative cuts and and forms. Different hats and bonnets, regional patterns and endless combinations of different fabrics allow for endless varieties in the field of traditional clothing in Austria.

The type of costume chosen, be it the fabric, colour or bonnet or scarf previously denoted social standing like the "Hammerherrentracht", the traditional costume of the scythe smiths. Nowadays all costumes may be worn by anyone. The same can be said of the golden Linz bonnet (Goldhaube) which is elaborately embroidered and was previously worn by the elite and privileged burgher's wives in Linz. It is now the distinctive part of traditional country dress and is usually sewn and embroidered by the ladies themselves.

"Country that brought forth great sons"
(verse from the Austrian National Athem)

Openess – spirit of innovation – industrious workmanship – good education: these are the characteristics of the Upper Austrian. Good business was always to be made due to the province's favourable geographical position in the heart of Europe. Many important people stayed in the province "above the Enns River" such as Emperor Maximilian I who had his own castle in Wels.

The attitudes of such people directed the thought and actions of the Upper Austrians and a great cultural and information exchange took place.

Be it the Bavarians who arrived from the west in the course of the migrations or centuries later the young Georg of Peuerbach (born in Peuerbach in 1423) who developed the sin-cos mathematical statement and therefore establishing the basics in mathematics upon which Kepler and Copernicus were later to build – all did their part through their achievements and knowledge to influence the intellectual development of the province.

The list of Upper Austrians who achieved international fame is a long one. It ranges from scientists and Nobel Prize winners like Dr. Julius Wagner-Jauregg (1857–1940, Nobel Prize in 1927), the inventor of a cure to malaria, to politicians like the former Federal President, Dr. Rudolf Kirchschläger (1915–2000) along with authors, musicians and artists.

Upper Austria has also made a name for itself in the field of art and culture: like Adalbert Stifter (1805–1868) who was an author, school inspector and "cultural heritage" protector, or the famous symphony composer Anton Bruckner (1824–1896, "Te Deum"), or the graphic artist Alfred Kubin (1877–1959), whose home and studio in Zwickledt near Wernstein on the Inn River is now a museum and open to the public.

Other Upper Austrians have gone to make a name for themselves and the province in the field of trade and industry such as Josef Werndl in Steyr whose inventions were to revolutionise the world-wide weapons industry. Here, other electro-technical products were developed amongst others the famous Steyr bicycles (Waffenrad). Josef Werndl is not only famous here as a far-thinking and strategical industrialist but also as one who succeeded in putting social programmes into practice by building and providing accomodation for his workers, along with a public bath and consumer societies which all went to binding his workers to their place of work in industrially precarious times.

Upper Austria does not only look back to its list of famous men and women: today culture and economy is as alive as ever and goes towards making the province prolific on an international scale. Just to name a few in representation of many others: the authoress Gertrud Fussenegger (born 1912), the painter Gunter Damisch (born 1958) and the conductor Franz Welser-Möst, the physicist Anton Zeilinger and the economic historian Roman Sandgruber.

It has been their creativity, work and research and in particular their relationship to Upper Austria which they always underline in their work. It has made them true ambassadors of their province through innovation, dynamism and the fascination which stems from Upper Austria and is represented in the rest of the world.

Bereits mit 26 Jahren war Franz Welser-Möst ein Begriff auf den internationalen Konzertbühnen. Hier dirigiert er das Cleveland Orchestra beim Brucknerfestival 2006 in der Stiftskirche St. Florian.

Already at the age of 26 Franz Welser-Möst had gained world-wide reputation. Here he is conducting the Cleveland Orchestra at the Bruckner-Festival 2006 in the basilica of St. Florian.

Starke Impulse für Oberösterreichs Kultur am Beginn des dritten Jahrtausends – der Bau eines neuen Musiktheaters, die Errichtung des Südflügels beim Schloss und Linz als Europäische Kulturhauptstadt 2009

The most important cultural projects of the third millennium are the new Opera House, the construction of the south wing of the Castle and Linz as European Capital of Culture in 2009.

Ganz rechts:
Christian Ludwig Attersee,
„Die Kreuzzucht"/
© VBK, Wien, 2007

Kunst und Kultur

Ein reiches Erbe als Fundament für die Zukunft

Die geografische Mittellage Oberösterreichs und seine Geschichte am Schnittpunkt mehrerer kultureller Einflüsse haben die Kunst- und Kulturgeschichte des Landes wesentlich geprägt.

Nach dem Untergang des römischen Reiches beginnt mit dem frühen Mittelalter eine Welle nicht nur bedeutender Klostergründungen, sondern auch eine erste nachrömische christliche Blüte der Kunst und Kultur.

Die Klöster Mondsee, gegründet 748, Mattsee und Kremsmünster, beide gegründet 777, entwickelten sich zu bedeutenden kulturellen Zentren – Zeugnis der Kunst dieser Zeit ist der Tassilokelch aus Kremsmünster, entstanden 768.
Die Eigenheit Oberösterreichs als Land der vielen Klöster und Stifte geht zurück auf die Klostergründungen der folgenden Jahrhunderte wie St. Florian, Lambach, Garsten, Reichersberg, Wilhering und Schlägl. Herausragende Belege für die Kunst der Romanik finden sich in den Fresken im ehemaligen „Läuthaus" des Stiftes Lambach mit Szenen aus dem Leben Jesu, aber auch in der romanischen Krypta des Stiftes Schlägl.

Das 748 gegründete Kloster Mondsee war jahrhundertelang berühmt für sein Skriptorium – die bedeutende Schreibschule des Mittelalters mit wertvollsten Beispielen der Buchmalerei. Nach barocker Blüte mit künstlerischer Ausgestaltung durch Meinrad Guggenbichler wurde das Kloster 1791 aufgelöst und kam in der napoleonischen Zeit als Schloss in adeligen Besitz.

The monastery of Mondsee was founded in 748 and was famous for its scriptorium: one of the most important in the middle ages with valuable examples of scriptorial art. After its flourishing in the baroque period, the monastery was closed down in 1791 and fell to a noble family during the Napoleonic wars.

Die romanische Krypta der Stiftskirche in Schlägl mit ihrem achteckigen Mittelpfeiler ist der älteste erhaltene Teil der im Kern gotischen Anlage.

The romanesque chapter house in the collegiate church of Schlägl with its eightfold vaulting from a central column is the oldest part of the gothic core of the monastery.

Herzog Tassilo aus dem Geschlecht der bayerischen Agilolfinger gilt als Stifter der Klosteranlage von Kremsmünster (777).
Im Südturm der Stiftskirche – hier ist der mittelalterliche Baukörper noch sichtbar erhalten – befindet sich das Grabmal des der Legende nach bei der Jagd getöteten Herzogssohnes Gunther aus dem Jahr 1304.

Duke Tassilo of the Bavarian house of Agilolfinger is said to be the founder of the monastery of Kremsmünster (777).
The tomb (1304) of Gunther, son of the duke supposedly killed during a hunt, is to be found in the southern tower of the collegiate church – here the medieaval structure is still visible.

In der ersten Hälfte des 18. Jahrhunderts wurde die Sternwarte des Stiftes Kremsmünster errichtet, mit der berühmten Bibliothek ein wichtiges Zentrum der Wissenschaft im Land Oberösterreich. Der grosse Schriftsteller und Pädagoge Adalbert Stifter hat hier als Student wertvolle und prägende Impulse erfahren.

The observatory of the monastery of Kremsmünster with its famous library, built in the first half of the 18th century became an important academic centre of Upper Austria. The great author and educationalist, Adalbert Stifter, was educated and inspired here.

Durch sein ehrwürdiges Alter, seine beeindruckende Architektur der barocken Baukünstler Carlo Antonio Carlone und Jakob Prandtauer, seine reichen Kunstschätze und das Gymnasium nimmt das Benediktinerstift Kremsmünster einen ganz besonderen Platz in der Kulturgeschichte des Landes ein. Ein Blick auf die mächtige Klosteranlage auf einer Anhöhe über dem Kremstal.

The Benedictine monastery of Kremsmünster is impressive and important in the history of the province through its age, baroque architecture (Carlo Antonio Carlone and Jakob Prandtauer), its rich art collection and private high school.
Here a view of the mighty premises on a hill overlooking the Krems Valley.

In der Sternwarte befindet sich eine bedeutsame Sammlung historischer wissenschaftlicher Instrumente.

The observatory holds a rich and important collection of historical and scientific instruments.

Die Tafelbilder Albrecht Altdorfers (entstanden um 1518), ursprünglich Teile eines Flügelaltares der gotischen Stiftskirche, gehören zu den grössten Schätzen der Kunstsammlung im Augustiner-Chorherrenstift St. Florian.

Die Klostergründung, durch keine Urkunde belegt oder datiert, geht auf den Kult um den Ennser Märtyrer Florianus zurück. Bischof Altmann von Passau liess im 11. Jahrhundert die bestehende Klosteranlage erneuern und mit Augustiner-Chorherren besiedeln. Die Blüte des Stiftes vor allem vom 13. bis zum 15. Jahrhundert ist bis heute durch die kostbaren Handschriften und Inkunabeln der Stiftsbibliothek und die Kunstschätze des Mittelalters erkennbar.

Parts of a former triptych by Albrecht Altdorfer (1518) which originally hung in the gothic collegiate church belong to the great art collection of the St. Augustine Canon Regular monastery of St. Florian.

The Canon Regulars of St. Florian:
The founding date of the monastery is unknown but goes back to the cult surrounding the martyr of Enns, Florianus. Bishop Altmann of Passau had the then existing monastery rennovated and settled Augustine Canon Regulars here.

Nach den schwierigen Zeiten der Reformation brachte die Periode des Barock mit den dominierenden Architekten Carlo Antonio Carlone und Jakob Prandtauer eine der prunkvollsten Stiftsanlagen Österreichs mit ihren berühmten Kaiserzimmern, dem Marmorsaal und der herrlichen Stiftskirche mit der Brucknerorgel. Mit dem Stift St. Florian untrennbar verbunden ist neben dem Wirken Anton Bruckners auch die Geschichtswissenschaft, die „Historische Schule" erlebte im 19. Jahrhundert hier ihre Blüte.

After the difficult period of the Reformation, the age of baroque arrived with the architects Carlo Antonio Carlone and Jakob Prandtauer to create one of Austria's most opulent monasteries with its famous imperial chambers, the marble hall and the collegiate church with its Bruckner organ. Anton Bruckner is closely associated with the monastery as well as the "Historic School" of the 19th century which blossomed here.

Spätes Mittelalter bis zur Renaissance

Die Gotik hat die oberösterreichische Kulturlandschaft deutlich in Kunst und Architektur geprägt. Vor allem im Stadtbild von Enns, Freistadt, Braunau, Eferding, Schärding, aber auch in Linz ist der gotische Baukern erhalten. Die frühe Gotik ist mit der beeindruckenden Plastik des hl. Florian in der Stiftsgalerie St. Florian, aber auch durch die Architektur der Wallseerkapelle in der Stadtpfarrkirche Enns vertreten.

Das 15. Jahrhundert brachte eine Blüte der Glasmalerei – herrliche Fenster wie in der Stadtpfarrkirche verweisen auf diese große Tradition, an die später, im 19. und 20. Jahrhundert, wieder angeknüpft werden sollte. Im Kirchenbau dominieren Hallenkirchen mit kunstvollen Gewölberippen, wie zum Beispiel die Stadtpfarrkirche Braunau und die Kirchen in Kefermarkt, Zell am Pettenfirst, Schöndorf, Gampern und Königswiesen.

Einen besonderen Höhepunkt der gotischen Schnitzkunst stellen die Flügelaltäre von Kefermarkt (1470 gestiftet), St. Wolfgang (vom Bildhauer Michael Pacher 1471–1481 geschnitzt) und Gampern (um 1490, vermutlich von Lienhart Astl) dar.

Als Höhepunkt und zugleich Abschluss der gotischen Kunst sind die Arbeiten der „Donauschule" anzusehen, die künstlerisch bereits auf die Renaissance verweisen. Zu den größten Kostbarkeiten dieses Stils gehören die um 1518 entstandenen Tafelbilder des Sebastianaltares von Albrecht Altdorfer in der Kunstsammlung des Stiftes St. Florian.

Die Renaissance findet ihren Ausdruck in zahlreichen Schlössern im Lande und in prächtigen Ausgestaltungen repräsentativer, auch bürgerlicher Häuser.

Die Hochblüte gotischer Architektur ist im 15. und auch noch im beginnenden 16. Jahrhundert festzustellen, so wie hier in Königswiesen, wo sich in der zweischiffigen spätgotischen Hallenkirche dieses prächtige Schlingrippengewölbe findet (ca. 1520).

The peak of gothic architecture of the 15th century and at the beginning of the 16th century like this is magnificently represented by the twined vaulting in Königswiesen (1520).

Zwei große Renaissancebauten prägen das Stadtbild von Linz: das Schloss und das Landhaus mit seinem prächtigen Arkadenhof und Nordportal. Hier wirkte auch von 1612 bis 1626 Johannes Kepler, hier verfasste er sein wichtigstes Werk, „Harmonices mundi".

An Renaissanceschlössern sind vor allem das 1988 renovierte Schloss Weinberg bei Kefermarkt, Schloss Parz mit seinen bedeutenden und größten Fresken nördlich der Alpen, Schloss Grein und das wohl schönste Wasserschloss Österreichs, Aistersheim, zu erwähnen.

Die Wallseerkapelle in der Stadtpfarrkirche Enns aus dem 14. Jahrhundert ist mit ihren hohen Gewölben und den aufgelösten Wandflächen ein schönes Beispiel früher Gotik in Oberösterreich (rechts).

The Wallseer Chapel in Enns which dates back to the 14th century, is an excellent example of early Gothic in Austria (right).

Um 1490 wurde der grosse Flügelaltar der Kirche in Kefermarkt errichtet – gestiftet von Christoph von Zelking. Dieser bedeutende gotische Altar, dessen Meister bis heute nicht namentlich bekannt ist, wurde 1852–1855 auf Betreiben Adalbert Stifters restauriert und für die Nachwelt gerettet.

In 1490, the great winged altar in Kefermarkt was created, a donation by Christoph von Zelking. This gothic altar whose creator till today remains anonymous, was rennovated from 1852 to 1855 by Adalbert Stifter and thus preserved for posterity.

Der Abt von Mondsee hatte 1471 dem Südtiroler Bildhauer Michael Pacher den Auftrag zur Ausführung des Flügelaltares in St. Wolfgang erteilt. Im Mittelschrein des Altares sieht man die Krönung Mariens in einer wundervollen Komposition von Bewegung, Linie und Figur im Raum (rechts).

The abbot of Mondsee gave the contract to create a new winged altar for the church in St. Wolfgang to Michael Pacher in 1471. The centre section depicts the coronation of the Virgin in a wonderful composition of lines, movement and figures.

Von einem unbekannten Meister stammt diese Madonna der Filialkirche Inzersdorf aus der Zeit um 1420 (links).
In ganz besonderer Weise vertritt diese Mariendarstellung auch das Schönheitsideal ihrer Zeit, Würde und Liebreiz zugleich ausstrahlend, ist die Plastik dem Typus der „Schönen Madonnen“ zuzurechnen.

The name of the artist of this Madonna (1420) is unknown. It is to be found in the affiliated church of Inzersdorf. She represents the ideal depiction of the Madonna for the period, the so-called "Beautiful Madonnas" representing dignity and charm.

Erst mit der Auflösung der Wandflächen in der Gotik werden grössere Glasfenster im Sakralbau möglich. Die gestalteten und mit Blei gegliederten Fenster erzählen aus der Bibel und aus Heiligenviten, ermöglichen Blicke aus dem Kircheninneren in farbenprächtige Szenarien. Rechts eine Darstellung des hl. Christophorus und des hl. Vitus in der Kirche von St. Martin im Mühlkreis.

As the walls became more delicate in the gothic period, more space was left for windows. The stained glass windows show biblical scenes and from the lives of the saints. Here (right) are St. Christopher and St. Vitus in details of St. Martin's in the Mühlkreis.

Die Greinburg beherrscht die Donau im Strudengau. Im Kern spätgotisch, geht der Bau hauptsächlich auf Umbauten nach 1621 im Stil der Renaissance zurück. Durch die dominante Lage und den geschlossenen Baukörper jedoch ist immer noch etwas von der Wehrhaftigkeit des Mittelalters zu spüren (links oben).

The Greinburg dominates the Danube in the Strudengau. Its core is late gothic but the main construction dates back to the reconstruction in the year 1621 in the style of the Renaissance. Its dominant position and closed architecture allow for an atmosphere of fortification.

Das Landhaus in Linz wurde in der zweiten Hälfte des 16. Jahrhunderts von den Ständen des Landes ob der Enns errichtet. Mit dem prächtigen Nordportal, dem Steinernen Saal und vor allem dem dreigeschossigen Arkadenhof mit dem Planetenbrunnen (links unten) steht das Landhaus für die Baugesinnung des Südens – Architekt war der Italiener Christoph Canevale – in einem Land nördlich der Alpen.

The Landhaus in Linz was built in the 2nd half of the 16th century by the Estates of the "Country above the Enns". The mighty northern portal, the stone hall and the magnificent three storey courtyard with its Planet fountain (below left) show southern flair captured north of the Alps by the architect Christoph Canevale.

Der Reichtum und die Machtstellung des Adels in Verbindung mit dem neuen Baustil der Renaissance lassen, da befestigte Burgen waffentechnisch überholt erscheinen, den Schlossbau im Lande aufblühen. Zu den schönsten Schlössern gehört das Wasserschloss in Aistersheim mit seiner auf Symmetrie bedachten charakteristischen Architektur und dem vierseitigen Arkadenhof im Schlossinneren (rechts).

Wealth and power are demonstrated in the building style of the nobility: the Renaissance where defense was no longer necessary. One of the most beautiful palaces is the moated palace of Aistersheim with its symmetry and cultivated characteristic architecture and four-sided arcaded courtyard.

Gegenreformation und Absolutismus

Kaum eine Epoche hat Oberösterreich und die Landeshauptstadt Linz so nachhaltig geprägt wie das Barock. In der zweiten Hälfte des 17. Jahrhunderts, nach den Wirren des Dreißigjährigen Krieges und mit Beginn der Gegenreformation setzte eine rege Bautätigkeit ein. Der wohl bedeutendste Barockbau des Landes ist die Stiftsanlage von St. Florian nach Plänen von Jakob Prandtauer. Mit der prächtigen Kirche, der Bibliothek, dem Marmor- oder Kaisersaal und den Kaiserzimmern entfaltet St. Florian die ganze Pracht des österreichischen Barocks.

Italienische Bauleute brachten diesen Stil ins Land, besonders zu erwähnen ist dabei die Familie Carlone, der Oberösterreich unter anderen die Klosterkirchen von Garsten und Schlierbach, aber auch die Jesuitenkirche (den Alten Dom) und die Karmelitenkirche in Linz zu verdanken hat.
Von besonderer Qualität sind die Stiftsanlagen von Reichersberg, Baumgartenberg, Waldhausen und das mächtige Stift Kremsmünster. Neben dem barocken Umbau der Kirche beeindruckt der Neubau der gesamten Stiftsanlage von Carlo Antonio Carlone und Jakob Prandtauer.

Oberösterreichische Künstler wie Thomas Schwanthaler, die Brüder Zürn mit ihrem Altären in St. Georgen oder Meinrad Guggenbichler mit Arbeiten in der Stiftskirche von Mondsee, aber auch die Barockmaler Martin und Bartolomeo Altomonte mit Fresken in St. Florian, Wilhering, Spital am Pyhrn und Engelszell gehören zu den wichtigsten Persönlichkeiten dieser Zeit.

Unmerklich beinahe wird aus dem späten überreichen Barock der Rokokostil, der in Oberösterreich durch den glanzvollen Bau der Stiftskirche Wil-

VON 1745 BIS 1751 WURDE DER GROSSE SAAL DER STIFTSBIBLIOTHEK IN ST. FLORIAN NACH PLÄNEN DES STEYRER ARCHITEKTEN GOTTHARD HAYBERGER ERRICHTET. DIE FRESKEN DER BIBLIOTHEK, DIE ÜBER 800 HANDSCHRIFTEN, EBENSO VIELE INKUNABELN UND AN DIE 140.000 BÜCHER BESITZT, STAMMEN VON BARTOLOMEO ALTOMONTE.

DIE GEGENREFORMATION FAND AUCH IN OBERÖSTERREICH IHREN KÜNSTLERISCHEN AUSDRUCK IM BAROCKSTIL, DER ALLE LEBENSBEREICHE DURCHFLUTETE, BEINAHE ÜBERALL ZU GROSSEN NEU- UND UMBAUTEN FÜHRTE UND EINE VIELZAHL BEDEUTENDER KUNSTWERKE, AUCH HEIMISCHER KÜNSTLER, HERVORBRACHTE. SO FINDEN SICH IN DER KLEINEN KIRCHE VON ST. GEORGEN AN DER MATTIG ALTÄRE DER BAROCKBILDHAUER MARTIN UND MICHAEL ZÜRN (RECHTS AUSSEN: SEBASTIANALTAR), DER SCHMERZENSMANN IN OBERHOFEN AM IRRSEE ZEIGT DIE KÜNSTLERISCHE KRAFT MEINRAD GUGGENBICHLERS.

THE GREAT HALL OF THE LIBRARY OF ST. FLORIAN (LEFT) WAS ERECTED FROM 1745 AND 1751 AFTER PLANS BY THE STEYR ARCHITECT GOTTHARD HAYBERGER. THE FRESCOES ARE THE OEUVRE OF BARTOLOMEO ALTOMONTE. THE LIBRARY HOUSES SOME 800 MANUSCRIPTS, JUST AS MANY INCUNABULA AND SOME 140 000 VOLUMES.

THE COUNTER REFORMATION FOUND ITS EXPRESSION IN BAROQUE IN UPPER AUSTRIA AS WELL AND ENCOMPASSED ALL AREAS OF DAILY LIFE. ALL OVER NEW BUILDINGS WERE ERECTED OR MODIFIED. A GREAT NUMBER OF IMPORTANT WORKS OF ART WERE CREATED LIKE THE BAROQUE ALTAR OF THE SMALL CHURCH OF ST. GEORGEN AN DER MATTIG BY MARTIN AND MICHAEL ZÜRN: HERE THE SABASTIAN ALTAR (FAR RIGHT) AND THE MAN OF SORROWS IN OBERHOFEN AM IRRSEE BY MEINRAD GUGGENBICHLER (RIGHT).

hering (1751) erstrangig vertreten ist. Zu erwähnen sind die Wallfahrtskirche Stadl-Paura zur Hl. Dreifaltigkeit, errichtet durch den Linzer Baumeister J. M. Prunner und die Deutschordenskirche in Linz, errichtet nach Plänen von Lukas von Hildebrandt. Im profanen Bereich gilt das Rathaus von Steyr als herausragendstes Beispiel repräsentativer städtischer Rokokoarchitektur.
In Linz schuf zu dieser Zeit Wolfgang Amadeus Mozart während eines kurzen Aufenthaltes die „Linzer Symphonie“.

Vor allem die grossen Klöster haben versucht, ihre Kirchen oder sogar die gesamte Stiftsanlage dem barocken Empfinden anzupassen bzw. nach einem neuen Gesamtplan zu bauen.

Gerade in den typischen Carlone-Bauten (z. B. in Garsten) ist die Dominanz des Stuckdekors über die Fresken zu beobachten.

Detail aus der Stiftskirche Garsten (oben), Blick in das überreich stuckierte Kircheninnere von Schlierbach.

It was usually the large monasteries and convents who tried to adapt their buildings to a theme in the baroque or to build them anew.

In the baroque style of Carlone, the stucco dominates more than the frescoes.

Detail of the stucco decoration in Garsten (above) and the ornately decorated church interior of Schlierbach.

Das barocke Oberösterreich findet sich nicht nur in Schlössern, Stiften und Kirchenbauten, auch in den Städten und Märkten, in und an bürgerlichen Häusern ist der Stil des 18. Jahrhunderts vorherrschend. Ein besonders schönes Ensemble stellt die so genannte Silberzeile am Stadtplatz der Barockstadt Schärding dar.

Baroque not only in castles, monasteries and churches but also on the streets and squares of Upper Austria's towns and villages: The "Silberzeile" in the famous baroque town of Schärding near the German border.

Steyr, Obernberg am Inn, Gmunden und Linz bieten beste Beispiele profaner Rokokoarchitektur, ein Zeichen bürgerlicher Wohlhabenheit und das Ergebnis oft mehrfacher Umbauten meist mittelalterlicher Gebäudesubstanz. Hier die alte Hofapotheke in Linz mit ihrer reichen Fassadengliederung.

Steyr, Obernberg am Inn, Gmunden and Linz boast wonderful examples of Rococo Architecture. Here: The old "Hofapotheke" at Linz with its detailed facade.

Historismus und die Kultur der Zeit Kaiser Franz Josephs

Das 19. Jahrhundert ist architektonisch vor allem durch Villenarchitektur wie die berühmte Kaiservilla in Bad Ischl, aber auch das Wasserschloss Parz, das klassizistische Linzer Landestheater und schließlich durch den Linzer Dom charakterisiert. Prägend für die Kunst des Historismus, für Landeskunde, Denkmalpflege und Bildung war Adalbert Stifter. Der 1805 in Oberplan in Südböhmen geborene Stifter gilt darüber hinaus wohl als bedeutendster Schriftsteller des Landes. Die Kunst nahm Anleihen bei früheren Stilrichtungen. Bei der Gotik für den sakralen Bereich, durch die Bildhauer Johann und Josef Rint, bei der Renaissance durch Architekt Bruno Schmitz für das OÖ Landesmuseum. In der Musik brachte Oberösterreich mit Anton Bruckner (1824–1896) einen genialen Symphoniker und Organisten von Weltruhm hervor – sein Leben und Werk ist auf das Engste mit dem Augustiner-Chorherrenstift St. Florian verbunden, wo er auch in der Krypta bestattet wurde. Industriebauten wie die Werndl-Werke in Steyr und bedeutende Bauten des österreichischen Jugendstils, wie die ehemalige Landwirtschaftskammer in Linz oder der Kraftwerksbau Steyrdurchbruch von Mauriz Balzarek, verweisen bereits auf das Bauen, die Kunst und die Lebensformen des kommenden Jahrhunderts.

Der Linzer Hauptplatz – einst der grösste geschlossene Platz Österreichs mit fast durchgehender, im Kern mittelalterlicher Verbauung, im Barock und Rokokostil umgestaltet und mit der Dreifaltigkeitssäule ausgestattet – auch heute noch lebendiges Zentrum der Stadt mit Galerien und Kunstuniversität.

Der Neue Dom in Linz, errichtet im Auftrag Bischof Rudigiers von Architekt Vinzenz Statz aus Köln im neugotischen Stil.
Der Unbefleckten Empfängnis Mariens geweiht, zog sich seine Errichtung wegen Geldmangels und unterbrochen vom Ersten Weltkrieg von 1862 bis 1924 hin.

Der Dombau bot bedeutenden Künstlern des 19. Jahrhunderts Gelegenheit, mit ihren Werken an der Ausstattung beizutragen und den neugotischen Stil ganz im Sinne Stifters zu verbreiten.
Mit seinem 134 Meter hohen Turm, dem gewaltigen dreischiffigen Langhaus und dem Kapellenkranz um den Chor ist der Linzer Dom eines der bedeutendsten neugotischen Bauwerke Österreichs, ja des Gebietes der ganzen ehemaligen österreichisch-ungarischen Monarchie. Als Bischofskirche der Diözese Linz erhielt der Dom 1968 die neue Rudigierorgel, eines der grössten Instrumente ihrer Art, und in den 90er-Jahren des 20. Jahrhunderts neue Glasfenster, zeitgenössische Akzente der Kunst.

The Main Square of Linz – once the largest closed square in Austria – with its sumptuous array of baroque and rococo facades with medieval structures inside and its Trinity column – is still the hub of the town today.

The Cathedral of Linz commissioned by Bishop Rudigier and built by Vinzenz Statz of Cologne in neogothic style. It is dedicated to the Immaculate Conception of the Virgin and built between 1864 and 1924.

The construction of the Cathedral gave for many artists of the 19th century the opportunity of playing their part. Its steeple is 134 m high, the triple nave and choir chapels make it one of the most important neogothic stuctures in Austria. It was invested with the Rudiger Organ in 1968, one of the largest of its kind and was decorated in the 1990's with some contemporary stained glass windows.

Kunst des 20. Jahrhunderts

Nur langsam beginnt nach dem Ersten Weltkrieg wieder größere Bautätigkeit Platz zu greifen. Beachtenswert sind der Bau der Linzer Tabakfabrik von Peter Behrens und Alexander Popp, sowie die Diesterwegschule in Linz. In der Bildenden Kunst stehen Namen wie Alfred Kubin (1877–1959) und Klemens Brosch (1894–1926), in der Literatur Hermann Bahr(1863–1934), Enrica Handel-Mazzetti (1871–1955) und Richard Billinger (1890–1965) für die künstlerische Kraft des Landes.

Aus der zweiten Hälfte des 20. Jahrhunderts sind die Linzer Kammerspiele, errichtet von Clemens Holzmeister 1954, Kirchenneubauten wie z. B. St. Theresia in Untergaumberg von Rudolf Schwarz und die Synagoge in Linz von Fritz Goffitzer mit Fresken von Fritz Fröhlich zu nennen. Im Bereich der zahlreichen Kirchenausgestaltungen sind das Werk Margret Bilgers und ihrer Glasfenster zu erwähnen.

Besondere Akzente setzte schließlich das Brucknerhaus, das große Konzerthaus an der Donau des finnischen Architekten Heikki Siren, das Linzer Design Center und das neue Linzer Kunstmuseum Lentos. Künstlerpersönlichkeiten von internationalem Rang und Bedeutung wie die Schriftsteller Gertraud Fussenegger, Thomas Bernhard, Alois Brandstätter und Christoph Ransmayr, Komponisten wie Johann Nepomuk David und Balduin Sulzer, bildende Künstler wie Fritz Fröhlich, Christian Attersee oder Günter Damisch kommen aus Oberösterreich oder haben hier die entsprechenden Möglichkeiten für ihre Arbeit gefunden.

Auch im 21. Jahrhundert genießen Kunst und Kultur in Oberösterreich großen Stellenwert – die Kulturpolitik sieht sich nicht bloß in einer unterstützenden Rolle, sondern setzt bewusst Akzente. Veranstaltungen wie das jährliche internationale Brucknerfest, die Ars Electronica, große Landesausstellungen, Festivals im Salzkammergut und im Strudengau sowie das Festival der Regionen beleben und bereichern die Kulturszene im Land.
Mit den entsprechenden kulturellen Einrichtungen, dem Landesarchiv, dem Adalbert-Stifter-Literaturhaus, den Landesmuseen und dem Ars Electronica Center, vom Kubin-Haus in Zwickledt, dem Stadttheater in Grein bis hin zum Offenen Kulturhaus OK in Linz hat Kunst und Kultur in Oberösterreich ihren Platz.
Der Bau des „Wissensturms" als Zentrum der Volksbildung und der städtischen Bücherei, der geplante Neubau des Musiktheaters in städtebaulich beherrschender Lage an der Blumau, der Ausbau der Landesbibliothek und der große Zubau zum Schlossmuseum lassen weitere für das Land bedeutende Kulturstätten und architektonische Wahrzeichen mit entsprechenden neuen künstlerischen Impulsen für Oberösterreich erwarten.

Mit dieser kulturellen Infrastruktur und dem künstlerischen und kreativen Potential des Landes wird Linz im Jahr 2009 auch Kulturhauptstadt Europas sein – eine Chance und Herausforderung, der sich die Kulturpolitik und Künstler mit großem Elan stellen.

Oberösterreich als Zentrum der bildenden Kunst im 20. Jahrhundert: Künstler wie Alfred Kubin (ganz links; Federzeichnung „Der Vampyr"), Clemens Brosch, Vilma Eckl, Franz von Zülow, Margret Bilger (links; Glasfenster Hl. Georg), Fritz Fröhlich, aber auch Christian Ludwig Attersee (rechts: Gemälde „Kreuzzucht"), Gunter Damisch und Arnulf Rainer prägen die Kunstgeschichte des Landes.

Upper Austria as a centre of modern art in the 20th century: Artists like Alfred Kubin (extreme left; pen drawing "The Vampire"), Margret Bilger (left; stained glass images St. George), Christian Ludwig Attersee (right), Gunter Damisch, Arnulf Rainer are the most important artists of the province.

Die Pfarrkirche St. Theresia im Keferfeld (Linz) signalisiert das neue Bauen der Nachkriegszeit.

Wichtige Bauten der letzten Jahrzehnte wie Universität, Pädagogische Akademie der Diözese Linz, Synagoge, Brucknerhaus, Design Center in Linz sowie die Fachhochschule Hagenberg markieren die neue Qualität der Architektur in Oberösterreich.

The parish church of St. Theresia im Keferfeld is an excellent example of post war architecture in Linz. Others are the University, the teacher's training college of the diocese of Linz, the Design Centre and the Technikon in Hagenberg.

Prof. Fritz Fröhlich, Träger des Kubin-Preises des Landes Oberösterreich, ist der Schöpfer dieser gelungenen Symbiose aus Alt und Neu, des Deckengemäldes in der Stiftskirche Engelszell, das bestens mit der Farbigkeit der Fresken Bartolomeo Altomontes harmoniert.

Prof. Fritz Fröhlich, who won the Kubin Art Prize of Upper Austria was the creator of this symbiosis of old and new: the ceiling frescoes in Engelszell which are in perfect harmony with the baroque of Bartolomeo Altomonte.

Mit dem Ars Electronica Center Linz haben die neuen Möglichkeiten der elektronischen Medien, neue Formen der Kunst und der Interaktion ihren Platz erhalten. Die Impulse, die von diesem „Zukunftsmuseum“, aber auch vom Ars Electronica Festival und vom internationalen Prix Ars Electronica ausgehen, binden junge oberösterreichische Künstler ein in ein weltweites Netz kreativer Ideen.

The Ars Electronica Centre is the home of all things concerning modern electronic media. This museum of the future and the Ars Electronica Festival and its awards are international and allow young and old to combine in a world-wide network.

ARS ELECTRONICA CENTER

Der Finne Heikki Siren war der Architekt des 1974 eröffneten Linzer Konzerthauses. Das Brucknerhaus im Donaupark markiert den östlichen Eckpfeiler der Linzer Kulturmeile an der Donau – nach Westen hin finden sich der Skulpturenpark, das neue Museum moderner Kunst „Lentos“, das Ars Electronica Center am nördlichen Brückenkopf, die Kunstuniversität und als krönender Abschluss das Landesmuseum im Linzer Schloss, die östliche Klammer des Kulturbezirkes an der Donau bildend.

The Brucknerhaus in the Danube Park was opened in 1974 and is the work of the Finnish architect Heikki Siren. It has become one of the cornerstones of the so-called Cultural Mile along with Lentos, the new art gallery, the Ars Electronica, the University of Fine Art and the Castle Museum.

ART AND CULTURE: A RICH HERITAGE

Upper Austria's geographical central position and its history on the crossroads of several cultural spheres have deeply influenced the art and cultural history of the province.

After the fall of the Roman Empire, the early Middle Ages begin not only with a wave of important monastery foundations but also the first blossoming of an early post-Roman christian art and culture.
The monasteries of Mondsee, founded in 748, Mattsee and Kremsmünster, both founded in 777 developed into important cultural centres. Proof of this is the famous Tassilo Chalice of 768 at Kremsmünster. Upper Austria's characteristic of being well endowed with monasteries goes back to the foundation in the following centuries of St. Florian, Lambach, Garsten, Wilhering, Reichersberg and Schlägl. Most famous are the romanesque frescoes in Lambach with scenes from the life of Jesus and the roman crypt in Schlägl.

Late middle ages till the renaissance

The Gothic period deeply influenced the cultural landscape of Upper Austria. This can be seen in the town atmosphere of Enns, Freistadt, Braunau, Eferding, Schärding and also in Linz where the Gothic core is still maintained. The early Gothic is represented by the statue of St. Florian in the gallery of St. Florian and in the architecture of the Wallseer Chapel in Enns.

Das Brucknerorchester Linz ist der grösste und bedeutendste symphonische Klangkörper im Land und zählt zugleich zu den drei besten Orchestern Österreichs. Konzerte im Linzer Brucknerhaus – der symphonischen Heimat –, internationale Auftritte und Konzerttourneen, die besondere Pflege des Werkes von Anton Bruckner, aber auch das Wirken als Opernorchester am Landestheater bestimmen seine Tätigkeit.
Mit dem Chefdirigenten, dem international gefragten und geschätzten Dennis Russel Davies, stösst das Brucknerorchester in neue Dimensionen und künstlerische Qualitäten vor.

The Bruckner Orchestra is the largest and most important symphonic orchestra in the province and belongs to the trinity of the best in Austria altogether. They perform in the Brucknerhaus, in the theatre as well as abroad. Under the baton of their conductor, Denis Russel Davies, the orchestra has reached new dimensions of artistic quality.

The 15th century saw the golden age of glass painting: wonderful windows such as the ones in the town parish church of Wels are all witnesses of a tradition which was to continue again in the 19th and 20th centuries.

Church architecture was dominated by long-naved churches with artistic vaulting like the one in Braunau and in Kefermarkt, Zell am Pettenfirst, Schöndorf, Gampern and Königswiesen.

Highligts of gothic carving may be admired in the triptych of Kefermarkt (founded in 1470), St. Wolfgang by Michael Pacher (carved 1471 and 1481) and Gampern (around 1490 by Lienhart Astl). The peak and closure of the gothic period can be seen in the works of the "Danube School", which already reach out artistically towards the Renaissance. The greatest treasure of this school are the triptychs of the Sebastian Altar by Albrecht Altdorfer in the art collection of the monastery of St. Florian.

The Renaissance finds its expression in numerous castles in the province with their sumptuous interiors and also in the burgher's houses. Two great witnesses of this period are landmarks in Linz: the Castle and the Landhaus with its magnificent arcaded courtyard and northern portal. Johannes Kepler worked here between the years 1616 and 1626 and compiled his most importand oeuvre: "Harmonices Mundi".

The most important Renaissance palaces are Schloss Weinberg near Kefermarkt (rennovated in 1988), Parz with its largest and

Impressionen aus Oberösterreichs Theaterlandschaft:
Die international renommierten Produktionen des Landestheaters bilden genauso einen Fixpunkt im heimischen Kulturgeschehen wie das Kinder- und Jugendtheaterfestival Schäxpir oder die engagierten Aufführungen zahlreicher Laienbühnen.

most famous frescoes north of the Alps, Schloss Grein and probably the most beautiful palace with a moat: Aistersheim.

Counter reformation and absolutism

No period of history influenced the capital city, Linz, as decisively as the Baroque.
It the second half of the 17th century, after the confusion of the Thirty Years War and at the beginning of the Counter Reformation, intensive building projects were commenced.
The most important Baroque edifice of the province is the monastery of St. Florian constructed to the plans of Jakob Prandtauer. The magnificent church, the library, the marble or imperial hall and the imperial chambers are the epitome of Upper Austrian Baroque.
Italian builders brought the style to the province, the most prominent of them being the family Carlone who constructed the monastery churches of Garsten and Schlierbach, the Jesuit's church in Linz ("Old Cathedral") and the Carmelite Church.
The monasteries of Reichersberg, Baumgartenberg, Waldhausen and the mighty Kremsmünster should also be mentioned.
C. A. Carlone and Jakob Prandtauer redesigned the whole complex in the Baroque style.

Upper Austrian artists such as Thomas Schwanthaler, the brothers Zürn with their altars in St. Georgen and Meinrad Guggenbichler with his creations in the monastery church of Mondsee and the Baroque painters Martin and Bartolomeo Altomonte with their frescoes in St. Florian, Wilhering, Spital am Phyrn and Engelszell are the most important personalities of this period.

Impressions of Upper Austria's theatre landscape:
The internationally renowned performances in the Landestheater are just as important in the local cultural scene as the Theatre Festival for the Youth "Schäxpir" or the dedicated work put into the numerous performances on amateur stages.

The late Baroque turns into Rococo almost without anyone noticing and nowhere can this be better observed than in its prime example: the church of Wilhering (1751). Others are the pilgrimage basilica of Stadl-Paura dedicated to the Holy Trinity and built by J. M. Prunner and the "Deutschordenskirche" in Linz after plans by Lucas von Hildebrandt. A secular building of this period is the town house in Steyr. It was also during this period that Wolfgang Amadeus Mozart wrote his "Linz Symphony" during a stay in the city.

Historicism and the period of emperor Francis Joseph

The 19th century is architecturally the age of the "villa" like the Imperial Villa in Bad Ischl or the moated palace of Parz, the classical Linz Theatre and the Linz Cathedral. The most important figure in this age of historicism, provincial historiography, monumental care and culture was Adalbert Stifter. He was born in Oberplan in 1805 in Southern Bohemia and became the most famous author of Upper Austria. The architecture of this period merely borrowed from the cultural periods of the past: Gothic for religious purposes – here the sculptors Johann and Josef Rint come to mind. Renaissance for public buildings, represented by the the Upper Austrian Museum. In the field of music, Anton Bruckner (1824–1986), symphonic writer and organist of world reknown must be mentioned. His life is closely associated with the St. Augustine's Canon Regulars of St. Florian where he is buried in the crypt.

Industrial architecture like the Werndl Works in Steyr and the most important buildings of Austrian Art Nouveau such as the former Agricultural Chamber of Commerce in Linz, the power station at Steyrdurchbruch by Mauriz Balzarek all were to pave the way for future architectural works of art.

The art of the 20th century

It was only long after the First World War that greater building projects were commenced upon. Of this period, the Linz Tobacco Factory by Peter Behrens and Alexander Popp and the Diesterweg School in Linz must be mentioned. Fine Art is represented by Alfred Kubin (1877–1959) and Klemens Brosch (1894–1926). Literature is represented in the oeuvre of Hermann Bahr (1863–1934), Enrica Handel-Mazetti (1871–1955) and Richard Billinger (1980–1965) for the artistic impetus of the province.

In the second half of the 20th century the Chamber Theatre was built in 1954 by Clemens Holzmeister as well as new churches like St. Theresia in Untergaumberg by Rudolf Schwarz and the Synagogue in Linz by Fritz Goffitzer with frescoes by Fritz Fröhlich. Among the numerous church interior designs, the glass windows of Margret Bilger must be mentioned.

The Brucknerhaus, the largest concert hall on the Danube deserves a special place in the list of architecture, designed by Heikki Siren. Other important buildings in Linz are the Design Centre and the new art gallery, the Lentos. Personalities of international repute are amongst others the authoress, Gertraud Fussenegger, Thomas Bernhard, Alois Brandstätter and Christoph Ransmayr. Composers include Johann Nepomuk David, Fridolin Dallinger and Balduin Sulzer. Artists such as Fritz Fröhlich, Christian Attersee and Günter Damisch either came from the province or settled here to work.

Right into the 21st century, art and culture continue to enjoy a privileged status and cultural politics sees its purpose with an out-going profile and not merely one that attempts to subsidise. Events such as the Annual Bruckner Festival, the Ars Electronica, the major Provincial Exhibitions, festivals in the Salzkammergut and in the Strudengau as well as the Festival of the Regions all go towards providing a lively and enthusiastic cultural scene in Upper Austria.

Cultural institutions like the Provincial Archives, the Adalbert Stifter Literary House, the Provincial Museums and the Ars Electronica Centre, from the Kubin house in Zwickledt, the town theatre in Grein to the Open Cultural House (OK) in Linz: art and culture certainly have their fixed abode in the lives of Upper Austrians.

A new Science Tower as a centre of local education and the city libraries, a new opera house in town on Blumau Square, the extention of the Provincial Library and the Castle Museum all go together to make up future architectural landmarks for Linz.

This cultural infrastructure and the avid artistic climate with its creative potential will go together to make Linz Europe's Cultural Capital in the year 2009.

Die Infrastruktur für Oberösterreichs kulturelle Zukunft:
Das Kunstmuseum Lentos an der Donau (mitte), der grosse Neubau beim Schloss als zukünftiges Museum für Natur und Technik (unten) und das neue Musikteater – das Opernhaus am Volksgarten nach Plänen des Londoner Architekten Terry Pawson (oben).

The infrastructure of Upper Austria's cultural future:
The art gallery Lentos on the Danube (centre), the extensions to the Castle where a museum for nature and technology (below) will be installed and the new opera house on the Volksgarten designed by the London architect, Terry Pawson (above).

Westansicht des Augustiner Chorherren-Stiftes St. Florian, eines der bedeutendsten Barockstifte Österreichs. Das Stift beherbergt die weltberühmte Brucknerorgel und auch die Grabstätte Anton Bruckners.

View of the west side of the Canon Regulars monastery of St. Florian, one of the most important baroque monasteries in Austria which houses the Bruckner organ and the tomb of Anton Bruckner.

Kloster und Kreuzwehlucken

Glaube und Volksfrömmigkeit in Oberösterreich

Der Beginn der Christianisierung

Oberösterreich ist zwar nicht der „Herrgottswinkel Österreichs", diese Auszeichnung wird für gewöhnlich nur dem „heiligen Land" Tirol zugedacht. Doch mit einer der ältesten urkundlich erwähnten Kirchen Österreichs, der 799 erstmals genannten Martinskirche von Linz, den im frühen Mittelalter gegründeten Klöstern Mondsee (748) und Kremsmünster (777) und dem weltberühmten Tassilokelch, vermutlich zur Gründung des Klosters Kremsmünster gestiftet, verfügt Oberösterreich über bedeutende Zeugnisse christlicher Tradition.

Im 2. und 3. Jahrhundert nach Christus war es, als die Botschaft des Evangeliums erstmals ins heutige Oberösterreich vordrang.

Bereits im 4. Jahrhundert war der christliche Glaube hierzulande so weit verbreitet, dass die römischen Herrscher darangingen, charismatische Vertreter der Christen systematisch zu verfolgen. In diese Zeit fällt das Martyrium des heiligen Florian genauso wie die Errichtung einer Kirche auf dem Georgiberg bei Micheldorf. Wenige Jahrzehnte später, im Jahre 482, starb Mönch Severin, ein weiterer früher Heiliger, der im Gebiet des heutigen Oberösterreich gewirkt und die Anfänge der Christianisierung zwischen Inn und Enns nachhaltig beeinflusst hatte.

Christliche Zentren des Mittelalters

Im Mittelalter wurden im Territorium des heutigen Oberösterreich zahlreiche Klöster als Ergebnis erster systematischer Missionsbestrebungen im Donauraum gegründet. Wurde zwar das Stift Kremsmünster vom Agilolfingerherzog Tassilo gegründet, so waren es doch in erster Linie die Bischöfe aus Passau, denen es durch Pfarrgründungen gelang, ihren kirchlichen Einfluss- und Herrschaftsbereich die Donau entlang bis ins heutige Ungarn auszudehnen.

Die Äbte der Klöster und Stifte genauso wie die Vorsteher größerer Pfarreien waren zu dieser Zeit jedoch nicht nur christliche Missionare, sondern auch allseits geachtete Territorialherren. Es kommt daher nicht von ungefähr, dass viele Stifte an strategisch wichtigen Verkehrswegen errichtet wurden, um so auch den Handel zu kontrollieren. Die Stiftsgründungen von Spital am Pyhrn, Schlierbach, Garsten, Lambach, Reichersberg, Wilhering, Engelharstzell und St. Florian geben Zeugnis davon, während andere Stifte wie Schlägl, Waldhausen oder Baumgartenberg vorrangig der Urbarmachung des Landes dienten.

Einer der ältesten und historisch bedeutsamsten Kirchenbauten Österreichs: Die 799 erstmals urkundlich erwähnte Martinskirche von Linz.

One of the oldest churches in Austria: St. Martin's in Linz, documented as early as 799.

Reformation und Gegenreformation

Zur Reformationszeit im 16. Jahrhundert gerät der Einfluss der katholischen Kirche in Oberösterreich plötzlich ins Hintertreffen: Die Ablasspolitik der Kirche, die eine Lossprechung von Sünden nur mehr gegen Geld zuließ, privilegierte die Begüterten und bot somit Anlass für soziale Spannungen. Dies verlieh den Lehren Martin Luthers Auftrieb:

1521 wurde bereits in einer Messstiftung in Altmünster von der möglichen Veränderung des christlichen Glaubens durch die neue lutherische Lehre gesprochen, etwa um 1527/28 erreichte auch die Popularität der Lehren der Wiedertäufer ihren Höhepunkt, sodass katholische Dogmen zunehmend in Frage gestellt wurden.

1588 kam es in Sierning bei Steyr zum sogenannten „Sierninger Aufstand", bei dem sich viele Bauern der Eisenwurzen gegen den neuen vom Passauer Bischof eingesetzten Sierninger Pfarrherrn erhoben. Dieser Aufstand war aus heutiger Sicht bereits ein Vorbote des zweiten oberösterreichischen Bauernkrieges, der von 1594 bis 1597 das Land erschütterte.

Als zu Beginn des 17. Jahrhunderts – vom Kaiserhaus und von der katholischen Kirche initiiert – die Gegenreformation begann, geriet die Ausbreitung des Protestantismus ins Stocken. Erneut wurden in dieser Zeit, um den Anspruch auf die Universalität der katholischen Lehre zu untermauern, prunkvolle Stifte errichtet oder bestehende Anlagen um- und ausgebaut. Die Stifte von St. Florian und Reichersberg zum Beispiel verdanken dieser Zeit ihr heutiges Erscheinungsbild.

Im Zuge der Gegenreformation grosszügig erweitert und umgestaltet: Die beiden Augustiner Chorherren-Stifte von Reichersberg am Inn (unten) und St. Florian bei Linz (rechts).
Beide Stifte sind in dem für Österreich bei Sakralbauten so beliebten Barockstil erbaut. Mit ihren Bibliotheken und der Brucknerorgel in St. Florian beherbergen die beiden Stifte auch Kunstschätze ersten Ranges.
Beide Klöster sind auch beliebte Aufführungsorte von Stiftskonzerten, das Stift Reichersberg gilt auch als Zentrum des Reichersberger Kultursommers.

Two Canon Regular monasteries which were extended and redesigned in the Counter Reformation: Reichersberg on the Inn (below) and St. Florian near Linz (right).
Both monasteries are built in the baroque style so favoured in Austria. Their libraries and the Bruckner organ in St. Florian are amongst the most valued treasures. Both also serve as venues for concerts and a Cultural Summer programme takes place annually at Reichersberg.

Beispiel für die viele Jahrhunderte währende Verschränkung von geistlicher und weltlicher Macht: Das ehemalige Benediktinerstift Garsten, gegründet im Jahre 1082 als Kollegiatsstift und 1108 von Ottokar II. in ein Benediktinerstift umgewandelt (oben).

Stift Kremsmünster, im Jahre 777 vom Agilofinger-Herzog Tassilo III. gegründet; das Stift war neben einem klerikalen Zentrum auch ein Ort der wissenschaftlichen Betätigung. Die Sternwarte, Aufbewahrungsort kostbarster astronomischer Instrumente, war lange Zeit Europas höchstes Gebäude (unten).

The former monastery of Garsten: an ideal example of worldly and clerical power closely entwined. The monastery was founded in 1082 as a collegiate monastery and was changed into a Benedictine monastery by Ottokar II (above).

Kremsmünster, founded in 777 by the Agilofinger Duke Tassilo III. The monastery was a clerical centre as well as a scientific one. Its observatory with its collection of valuable astronomic instruments was Europe's highest building for a long while (below).

Der Pflege von religiösem und weltlichem Brauchtum wird in Oberösterreich grosse Bedeutung beigemessen: Festlich geschmückte Maibäume gelten als Symbol der Fruchtbarkeit und des Lebens und werden oft in unmittelbarer Nähe von Kirchen oder am Ortsplatz aufgestellt.
In den Wallfahrtsorten des Landes kommt die Volksfrömmigkeit der Menschen ganz besonders zum Ausdruck: Ob Quellheiligtümer oder Marien-, Dreifaltigkeits- und Heiligenverehrung, noch bis in die 60er Jahre des 20. Jahrhunderts pilgerten die Menschen in Scharen zu den Gnadenstätten. Zu den bekanntesten Wallfahrtsorten Oberösterreichs zählt zweifellos der Pöstlingberg, ein Wahrzeichen der Landeshauptstadt Linz.

Religious and secular tradition plays an important role in Upper Austria. May poles as symbols of life and fertility are often placed near churches on the town squares.
Places of pilgrimage illustrate the pious attitude of the people, be it a sacred spring, places dedicated to the Virgin or the Trinity or some saint. Going on pilgrimages was popular till the 1960's when people flocked to these sites. The most popular site in Upper Austria is the Pöstlingberg, which also serves as a landmark of the capital, Linz.

Das Zeitalter der Aufklärung

Im zweiten Drittel des 18. Jahrhunderts schließlich, von 1734 und 1737, verfolgte Österreichs Herrscher Karl VI. das Ziel, die noch in Oberösterreich verbliebenen Protestanten außer Landes zu bringen. Durch die sogenannte „Transmigration" von 624 Personen aus 160 Familien nach Siebenbürgen sollten öffentlich bekennende Protestanten zwar aus den Kernländern der Monarchie abgesiedelt, aber letztlich dem Reich doch als Arbeitskräfte erhalten bleiben.

Joseph II. (1741–1790), der große Reformer, machte während seiner Regentschaft von der Transmigration nicht mehr Gebrauch, sondern versuchte, die vorgefundene Gesellschaftsordnung im Lande durch soziale und politische Reformen entscheidend zu verändern.

Als Folge dessen wurden in Oberösterreich viele Klöster aufgehoben, selbst wenn sie noch während der Gegenreformation prunkvoll ausgestattet worden waren, wie zum Beispiel Garsten, Gleink oder Mondsee.

Auch auf das wieder in Mode gekommene Wallfahrtswesen nahm Joseph II. Einfluss, indem er viele Gnadenstätten in Oberösterreich mit einem Wallfahrtsverbot belegte. Mit dem Toleranzpatent vom 13. Oktober 1781 wurde andererseits aber auch hierzulande die Existenz protestantischer Pfarrgemeinden zugelassen, auch wenn sie rechtlich nicht den katholischen gleichgestellt waren.

Verbindung aus Aberglauben, Volksfrömmigkeit und christlicher Heiligenverehrung: Die Wallfahrtsorte Heiligenkreuz bei Kremsmünster (links) und St. Thomas am Blasenstein (rechts). Letzterer ist vor allem bekannt wegen des Durchkriechsteins (Kreuzweh-Luckn) und des „luftg'selchten Pfarrers", des mumifizierten Leichnams eines ehemals in St. Thomas tätigen Priesters aus dem Stift Waldhausen im Strudengau.

Heiligenkreuz near Kremsmünster (left) and St. Thomas am Blasenstein (right) combine superstition, piety and Christian devotion. The latter is known for its famous stone which relieves backache and the mummified body of a minister who hailed from Waldhausen in the Strudengau.

Bildstöcke, Marterln und Totengedenksteine prägen überall in Oberösterreich das Landschaftsbild. Sie sind nicht nur Ausdruck einer lebendigen Volksfrömmigkeit, sondern auch liebevoll errichtete und gepflegte Kleindenkmäler, die von aussergewöhnlichen Ereignissen künden oder zu Ehrfurcht und Dankbarkeit mahnen.

Links aussen: Pietà bei Rufling
Links innen: Der heilige St. Florian, Nothelfer gegen das Feuer
Rechts oben: Wegkreuz für einen tödlich Verunglückten
Rechts unten Mitte: Marterl mit Doppelkreuz und bemalten Votivtafeln aus Blech
Rechts unten aussen: Granitmarterl mit Heiligendarstellungen auf Hinterglasbildern

Religious shrines and dedications to the saints are to be found all over Upper Austria in the countryside. They express the piety and gratefulness of the local people.

Outer left: Pieta near Rufling
Inner left: St. Florian, the patron saint for protection against fire
Right above: cross near the roadside
Right below, centre: shrine and painted votive images made of tin
Right below, outer image: granite shrines with images of the saints painted behind glass

Von der Gründung des Bistums Linz bis heute

Die für die Glaubensausübung in Oberösterreich wichtigste Reform Josephs II. betraf die Kirchenverwaltung, indem per Urkunde vom 18. Jänner 1789 das Bistum Linz errichtet wurde; vier Jahre nachdem der Papst bereits ein diesbezügliches Dekret verabschiedet hatte.
Die Pfarren der Diözese Linz wurden dadurch dem Einflussbereich des Bistums Passau entzogen und Ernest Johann Nepomuk Reichsgraf von Herberstein wurde als erster Bischof eingesetzt.

Glaube, Religionsausübung, aber auch Pfarren und Dekanate als territoriale und soziale Einheiten, konnten sich fortan selbständig entwickeln und mit der Grundsteinlegung für den Neuen Linzer Dom am 1. Mai 1862 bzw. seiner Weihe im Jahr 1924, wurden auch nach außen hin unübersehbare Zeichen gesetzt, die den Stellenwert des Glaubens im Alltagsleben der Oberösterreicher bis heute eindrucksvoll dokumentieren.

Religiöse Minderheiten in Oberösterreich

Die meisten in Oberösterreich lebenden Menschen bekennen sich zum Christentum; vorrangig zum Katholizismus und teilweise auch zum Protestantismus. Daneben gibt es heute wie einst verschiedene religiöse Minderheiten.

Zu Beginn des 13. Jahrhunderts lebten zum Beispiel im Gebiet des heutigen Oberösterreichs die Katharer und Waldenser, die zwar den Prinzipien der frühchristlichen Kirche nacheiferten, aber die kirchliche und weltliche Rechtsordnung ablehnten. Sie galten als Sekten und wurden genauso wie die im 16. Jahrhundert auftretenden Wiedertäufer verfolgt.

Eine weitere religiöse Minderheit in Oberösterreich sind die Juden. Das Bekenntnis von Menschen zum jüdischen Glauben ist hierzulande seit 1338 urkundlich belegt, als berichtet wird, dass in päpstlichem Auftrag eine Hostienschändung in Linz untersucht wurde.

Die jüdischen Mitbürger erlebten in Oberösterreich wie auch anderswo eine wechselvolle Geschichte, die nicht zuletzt auch von Vertreibungen, Enteignungen und Pogromen, wie zum Beispiel während des Dritten Reichs, geprägt war.

Die soziale, kulturelle und bisweilen auch politische Organisation der Juden in Oberösterreich erfolgte in den Kultusgemeinden. 1870 wurde die „Israelitische Kultusgemeinde Linz-Urfahr“ gegründet, die auch als Zentrale für ganz Oberösterreich und Salzburg fungierte und aus der sich 1892/93 die Steyrer Kultusgemeinde und 1911 die Salzburger Kultusgemeinde verselbstständigten.

Die Zahl der Juden in Oberösterreich betrug im Jahre 1890 insgesamt 1036 Personen, wovon 492 in Linz lebten, während 1905 genau 361 Personen zur Israelitischen Kultusgemeinde Linz zählten. Heute gehören dieser für ganz Oberösterreich zuständigen Kultusgemeinde rund 50 Mitglieder an.

Neben den Juden gibt es in Oberösterreich als religiöse Minderheiten noch Moslems, einige Hindus und Buddhisten. Der Anteil der Moslems an der Gesamtbevölkerung Oberösterreichs beträgt derzeit rund 5 %.

Nach der Anerkennung des Judentums in Österreich als gleichwertige Religionsgemeinschaft im Jahre 1867 erfolgte drei Jahre später die Gründung der „Israelitischen Kultusgemeinde Linz-Urfahr“, aus der sich 1892/93 die Steyrer Kultusgemeinde und im Jahre 1911 die Salzburger Kultusgemeinde verselbständigte.

Die Linzer Synagoge wurde 1968 von Architekt Fritz Goffitzer errichtet, die Fresken im Inneren stammen vom Maler Fritz Fröhlich.

Judaism was officially accepted as a religious community in 1867. Three years later the "Israelitic Cultic Community of Linz-Urfahr" was founded from which the communities of Steyr (1892/3) and Salzburg (1911) were formed.

The synagogue in Linz was designed in 1968 by Fritz Goffitzer and the frescoes inside are by the painter Fritz Fröhlich.

Wallfahrt und Brauchtum als Ausdruck der

Der Glaube von Menschen manifestiert sich nicht nur in der Zugehörigkeit zu Religionsgemeinschaften. Wer offenen Auges durch Oberösterreich geht, findet allerorts verschiedene Wegkreuze, Marterln, Kapellen oder andere religiös-kultische Gedenkstätten. Sie sind ebenfalls Ausdruck einer gelebten Volksfrömmigkeit, die hierzulande bereits im Mittelalter eine erste Blütezeit erlebte.

Tragende Säule dieser Volksfrömmigkeit war das sehr weit verbreitete Wallfahrtswesen, wobei man anfangs eher zu Quell- und Steinheiligtümern (zum Beispiel in Adlwang) pilgerte und erst während der Gegenreformation vermehrt Marienheiligtümer aufsuchte – etwa in Frauenstein oder Maria Neustift. Im 19. Jahrhundert fand die Verehrung der heiligen Muttergottes von Lourdes so großen Zuspruch, dass ihretwegen im Lande zahlreiche Gnadenstätten errichtet wurden.

Einzelne Gnadenstätten und Wallfahrtsziele haben der Legende nach auch im Leben der Heiligen eine Rolle gespielt – etwa der Heiligenstein bei Weyer, wo Sankt Sebald auf seiner Reise ins Heilige Land Station gemacht haben soll, oder die Wallfahrtskirche von St. Wolfgang, der älteste urkundlich belegte Wallfahrtsort Oberösterreichs (1306), wo bereits damals Leute aus den verschiedenen Weltgegenden zusammenströmten.

Freilich unterlag die Zahl der von Pilgern besuchten Gnadenstätten über die Jahrhunderte hinweg deutlichen Schwankungen. Im Mittelalter gab es 31 Wolfgang-Gnadenstätten und die Zahl der Marienkultstätten stieg von 40 vor der Reformation auf 190 nach der Gegenreformation.

Im Jahr 1972 gab es in Oberösterreich einem alten Reiseführer zufolge immerhin noch 131 regelmäßig besuchte Wallfahrtsorte, darunter so berühmte wie die Kreuzweh-Luckn von St. Thomas am Blasenstein und weniger berühmte wie die Kapelle von Ruprechtshofen bei Niederneukirchen.

In den achtziger Jahren des 20. Jahrhunderts ging dann die Zahl der ständig besuchten Wallfahrtsorte massiv zurück, während zu Beginn des dritten Jahrtausends das Pilgern zu Gnadenstätten und entlang spirituell behafteter Wege (z. B. des Jakobsweges) wieder in Mode gekommen zu sein scheint.

Neben einem Ziel für Wallfahrer ist Oberösterreich aber auch ein Land, in dem religiöses Brauchtum – als Ausdruck einer gelebten Volksfrömmigkeit – gepflegt wird: Man denke nur an die zahlreichen Fronleichnamsprozessionen, weitgehend authentisch und in höchstem Maße beeindruckend als Seeprozession in Hallstatt oder Traunkirchen, weiters das Anfertigen der Weihnachtskrippen in Ebensee, der sogenannten „Nagelschmiedkrippen" im Ennstal von Garsten bis Weyer und das landesweite Osterbrauchtum vom Karfreitagsratschen über das Abbrennen der Osterfeuer bis hin zum Eierpecken.

Alles religiös motivierte Bräuche, die sich zwar nicht gänzlich von den in anderen Bundesländern Österreichs ausgeübten unterscheiden, die aber zusammen mit den kostbaren kirchlichen Kunstschätzen, den zahlreichen Sakralbauten verschiedenster Epochen und den religiösen Kleindenkmälern wichtige Zeugnisse eines lebendigen Glaubens im Lande ob der Enns darstellen.

Volksfrömmigkeit

Die kulturelle Identität eines Landes spiegelt sich nicht zuletzt in seiner Volkskultur wider. Oberösterreich verfügt in allen Landesteilen über ein vielfältiges religiöses Brauchtum. Festliche Prozessionen und andächtige Wallfahrten zählen dabei jedes Jahr zu den Höhepunkten und sind Ausdruck einer lebendigen Volksfrömmigkeit.

Links unten: Das Gnadenbild aus der Wallfahrtskirche Christkindl bei Steyr, ein in Gold gefasstes Jesuskind aus Wachs.

Oberösterreichs berühmteste Fronleichnamsprozessionen: Die „Himmelsfuhr“ in Hallstatt (oben) und „Himmelsfuhr“ mit „Gegenfuhr“ in Traunkirchen (unten).

Cultural identity is often reflected in its folklore. The province boasts a diversity of religious customs, processions and pilgrimages which take place annually.

Below left: the pilgrimage church of Christkindl near Steyr with its golden baby Jesus made of wax.

The most famous Corpus Christi processions in Upper Austria: in Hallstatt (above) and in Traunkirchen (below)

FAITH AND PIETY IN UPPER AUSTRIA

The Beginning of Christianity

The Christian message arrived in the province in the 2nd and 3rd centuries AD. The presence of Christianity was so strong in the 4th century that the Roman authorities found it necessary to counteract the charismatic representatives of this new religion. It was during this period that the martyrdom of St. Florian took place and as well the construction of a church on the Georgiberg near Micheldorf. Some decades later, in 482 AD, the religious leader Severin dies and another saint was created on Upper Austrian soil.

Christian Centres of the Middle Ages

In the Middle Ages, numerous monasteries were founded in Upper Austria as a result of systematic missionary work. The monastery of Kremsmünster was founded by the Agilolfinger Duke Tassilo, but it was the bishops of Passau who founded parishes along the Danube and thus spread the clerical influence towards Hungary.
The abbots of the monasteries and the leaders of the parishes were not only Christian missionaries but respected land lords too. Hence it is that many monasteries are situated on important trade routes in order to control them. Monasteries like Spital am Pyhrn, Schlierbach, Garsten, Lambach, Reichersberg, Wilhering, Engelhartszell and St. Florian all fall into such a category. Others like Schlägl, Waldhausen or Baumgartenberg were founded to clear the forests for agriculture.

Reformation and Counter Reformation

At the time of the Reformation, in the 16th century, the power of the Catholic Church dwindled. The indulgence policy of the church i.e. the payment for the forgiveness of sins, merely went to add privilege to the wealthy while the poor remained empty-handed. This caused social tension. Martin Luther's teachings fell on fertile ground. In 1521, the possibility of changing the Christian faith through the teachings of Luther was mentioned at a Mass in Altmünster. In 1527/28 the Baptists became increasingly popular and the Catholic dogma questioned.

At the beginning of the 17th century, at the instigation of the imperial house and the Catholic Church, the Counter Reformation began. The spread of Protestantism ground to a halt. The Catholic Church, in order to cement its position as universal church, began building magnificent monasteries and extended and improved those that already existed. Two excellent examples of such architecture are the monasteries of St. Florian and Reichersberg.

The Age of Enlightenment

As late as 18th century, from 1734 to 1737, Austria's ruler, Emperor Karl VI, aimed to drive the remaining Protestants out of the country. In a process called the "transmigration" 624 people and 160 families were transferred to Siebenbürgen thus moving confessing Protestants out of the centre of the realm while keeping them as a task force.

Emperor Josef II (1741–1790), the great reformer no longer used the policy of transmigration but tried to change the existing structures through social and politcal reforms. As a result of this, many monasteries were closed even those who had just been magnificently restored and renovated like Garsten, Gleink and Mondsee. The fashionable trend towards pilgrimages was also curtailed under his reign by the prohibition of pilgrimages to many holy sites and shrines in Upper Austria.
The "Tolerance Patent" of 13th October 1781 guaranteed that existing Protestant congregations were tolerated, even if they were not granted the same status as the Catholic Church.

From the founding of the Bishopric of Linz till today

The most important change for the Church in Upper Austria under the reign of Josef II affected its administration. By imperial decree of 13th January 1789, the bishopric of Linz was created, four years after a similar decree was issued by the Pope and Ernest

Beeindruckt durch seine hochbarocke Ausstattung: Die Basilika Stift St. Florian, in deren Krypta Anton Bruckner, der berühmte österreichische Symphoniker aus dem 19. Jahrhundert, begraben liegt.

Die Fronleichnamsprozession von Frauenstein im Steyrtal wird noch als klassische „Flurprozession" über die Wiesen und Äcker des Ortes geführt. Die dabei gesprochenen Gebete sollen nicht nur den Menschen sondern auch den Häusern, Feldern und Fluren Schutz bringen.

The basilica of St. Florian impresses with its sumptuous decoration. The most famous symphonic writer of the province, Anton Bruckner, lies buried in the crypt.

Corpus Christi procession in Frauenstein in the Steyrtal crosses fields and pastures and the prayers said are to bid grace and protection for the houses and agricultural fields.

Johann Nepomuk, Duke of Herberstein became the first bishop of Linz.
Faith, religious practice and the parishes and deaneries were now all bound into territorial and social units and thus could develop independently. The cornerstone was laid for the new Cathedral in Linz on 1st May 1862 and its inauguration in 1924 meant a landmark was set for the Catholic faith in the capital.

Religious Minorities in Upper Austria

Most of the people in Upper Austria are Christians and of these the majority are catholic and and protestant. However, other religious minorities exist as well.

At the beginning of the 13th century, there were, for example Cathars and Waldensians in Upper Austria too who lived according to original Christian beliefs but refused the church's worldly order. They were considered sects and were persecuted just as the Baptists were in the 16th century.

Another minority here are the Jews whose presence has been documented since 1338 when a papal enquiry took place into the alleged desecration of the Holy Sacrament. As everywhere else, the Jews here faced a volatile history by being persecuted, having their property confiscated and pogroms which reached its peak in the period of the Third Reich.

The number of Jews in Upper Austria in 1890 was 1036, 492 of which lived in Linz while the number dropped to 361 in 1905. Now there are only about 50.

Besides the Jews, Moslems, Hindus and Buddhists are also represented. 5% of the Upper Austrians are Moslem nowadays.

Pilgrimage and Tradition as expressions of Traditional Piety

People show their faith not only by merely belonging to a church. Just hiking through Upper Austria one finds many signals of religious life like crosses along the roads, pillars with statues of saints and small chapels and other religious-cultic sites. They are all witness of a live form of piety which began and flourished in the Middle Ages.

The most important of all these customs were the pilgrimages. Where at first pilgrimages only took place to shrines at wells and stones (like Adlwang) it was only in the Counter Reformation that shrines dedicated to the Virgin were sought after like the ones in Frauenstein and Maria Neustift.

Most of these sites played a part in the life of saints like the Heiligenstein at Weyer where St. Sebald, on his way to the Holy Land took a rest or the pilgrimage church of St. Wolfgang, the oldest pilgrimage destination of Upper Austria (1306) where people from different parts of the world came together.

These pilgrimage destinations, varied in popularity according to the fashion of the time. In the Middle Ages, there were some 31 shrines dedicated to St. Wolfgang and the number of shrines dedicated to the Virgin rose from 40 before the Reformation to 190 after the Counter Reformation.

A travel guide in 1972 still listed some 131 well-frequented pilgrimage shrines including the famous place for curing backache at St. Thomas am Blasenstein and the probably less popular Chapel of Ruprechtshofen near Niederneukirchen.
In the 80's of the 20th century, the number of popular pilgrimage sites drops dramatically while at the beginning of the third millenium, it seems to be back in fashion, especially the one leading to Saint James of Compostela.

Besides pilgrimages there are other expressions of religious traditions in the province as well, like the processions at Corpus Christi especially the one that takes place as a lake procession at Hallstatt and Traunkirchen. Other traditions are the nativity scenes in Ebensee, the Nativity scenes in the Ennstal from Garsten to Weyer and the Easter traditions with Good Friday ratches, the burning of the Easter bonfire and the cracking open of Easter Eggs.

Überall im ganzen Land gibt es kleine Kapellen zur Andacht. Viele davon wurden an Plätzen errichtet, wo entweder jemand verstorben ist oder aber wo jemandem besonderes Glück widerfahren ist – zum Beispiel die Unversehrtheit nach einem Fuhrwerksunfall oder das Überleben eines Blitzschlags.
Heute laden diese Kapellen nicht nur zum Innehalten oder Beten ein, sie sind auch Ausdruck einer lebendigen Volksfrömmigkeit im ganzen Land.

There are several chapels dotted all over the country side. Many are at places where someone either died or experienced great fortune like a lucky escape from a carriage accident or surviving a stroke of lightning. Today they offer the opportunity for a short prayer and express the piety of the country.

Here the religious traditions do not vary that much in comparison with other provinces but they give, along with the clerical artistic treasures and the beautiful churches, together with the smaller chapels, important living witness of Christian faith in the "Land above the Enns River."

„Man soll die

Alljährlich ein Glanzpunkt im oberösterreichischen Brauchtumskalender: Der Glöcklerlauf von Gmunden, der immer in der letzten Raunacht eines jeden Jahres, nämlich in der Nacht zum Dreikönigstag (6. Jänner), stattfindet.

The highlight in the Upper Austrian Custom calender: the „Glöcklerlauf" in Gmunden which takes place on the night before the Epiphany.

Feste feiern, wie sie fallen“

Das Brauchtum in Oberösterreichs Volkskultur

Drei Gruppen von Bräuchen, Festen und F

Was wäre wohl ein Leben ohne Bräuche? Woche für Woche, Monat für Monat und Jahr für Jahr würden vergehen, ohne dass jene Feste und Feierlichkeiten stattfänden, für die sich die Menschen Oberösterreichs begeistern, bei denen das Zusammengehörigkeitsgefühl der Teilnehmer gestärkt wird und die Ausdruck eines hochgehaltenen Traditionsbewusstseins sind. „Ein tiefer Sinn wohnt in den alten Bräuchen, man muss sie ehren", mit diesen Sätzen hat sogar schon Friedrich Schiller in seinem Drama „Maria Stuart" den Wert der Bräuche für die Menschheit herausgestrichen.

In Oberösterreichs Volkskultur haben die Pflege und Ausübung des bodenständigen Brauchtums einen großen Stellenwert. In nahezu allen Gemeinden des Landes halten die Menschen jahrhundertelang überlieferte Traditionen hoch und feiern verschiedenste Feste, an denen sowohl Einheimische als auch Gäste gerne teilnehmen.

Wollte man die Vielzahl an Festen, Feiern und Bräuchen, die die Oberösterreicher veranstalten und ausüben, in Kategorien einteilen, erkennt man im Wesentlichen drei Gruppen: zunächst einmal die sogenannten Lebensbräuche – jene Feste, Feiern und Bräuche, die die Menschen während ihres Lebenszyklus feiern. Sie beginnen in der Regel mit der Geburt oder der Taufe eines Menschen und enden mit seinem Tod. Am bekanntesten unter den Lebensbräuchen sind wohl die zahlreichen Hochzeitsbräuche, zum Beispiel das Entführen der Braut von der abendlichen Hochzeitsgesellschaft mit anschließendem „Freikauf" durch den Bräutigam; oder aber auch die Totenwache und das Totenmahl, die vor allem in ländlichen Gebieten Oberösterreichs heute noch einen fixen Bestandteil der Begräbnisfeierlichkeiten ausmachen.

Die zweite große Gruppe von Bräuchen bezeichnet man als „Jahresbrauchtum" – meist traditionelle Feste, Feierlichkeiten und Bräuche, die aufgrund eines bestimmten Kalenderdatums gefeiert werden. Manche Jahresbräuche sind an ein fixes Datum gebunden, wie zum Beispiel das Maibaumaufstellen am Vorabend des 1. Mai. Andere wiederum sind an ein bewegliches Fest gekoppelt und daher nicht an ein fixes Kalenderdatum gebunden: etwa das Abbrennen eines Osterfeuers in der Osternacht oder die feierlichen Fronleichnamsprozessionen, von denen hierzulande vor allem die Seeprozessionen in Traunkirchen und Hallstatt zu großer Bekanntheit gelangt sind.

Die dritte große Gruppe der Feste, Feiern und Bräuche stellen die so genannten Heische- und Rügebräuche dar, durch deren Ausübung von den Trägern des Brauches den Mitmenschen gewisse Opfer abverlangt werden sollen oder die Einhaltung bestimmter sozialer Normen verlangt wird. Ein charakteristisches Beispiel für einen Heischebrauch war der Umgang der armen Seelen zu Allerheiligen, der vor allem in den beiden Jahrzehnten nach dem Ende des Zweiten Weltkrieges im Inn- und Mühlviertel häufig ausgeübt wurde. Triebfeder dieses Brauchtums war die Vorstellung, dass in der Allerseelenwoche die armen Seelen herumirren würden. Man beschenkte deshalb stellvertretend für die armen Seelen verarmte Menschen oder Kinder, indem man den damals von Haus zu Haus ziehenden Allerseelengehern im Anschluss an den Vortrag ihrer Heischesprüche verschiedene Gebildbrote überreichte; oft und gern mit den Worten „Vergelt's Gott für die armen Seelen". Parallelen zum Heischen nach Süßigkeiten beim neuerdings so populären Halloween sind durchaus gegeben.

Natürlich gab es unter den Rügebräuchen auch solche, die sehr drastisch waren, wie zum Beispiel das Aufsetzen von Schandmasken bei Dieben oder Wilderern. Auch das öffentliche Wiegen untreuer oder sich zankender Eheleute in sogenannten Schandwiegen fällt in den Bereich der Rügebräuche.

Ein oberösterreichisches Spezifikum eines Rügebrauchs ist auch der „Sierninger Rudenkirtag", der, zumindest seit 1732, alljährlich am Faschingsdienstag in Sierning

ern

gefeiert wird: Bei dieser der Teilnehmerzahl nach bedeutendsten Brauchtumsveranstaltung der oberösterreichischen Eisenwurzen treffen in Sierning zahlreiche Landlertanzgruppen (sogenannte Ruden, <*mhd. Rotte*>) aus ganz Oberösterreich und dem benachbarten Niederösterreich zusammen. Den Höhepunkt dieses Treffens bildet das Gstanzlsingen. Die einzelnen Ruden treten dazu abwechselnd für einen Halbtag im Pfarrheim oder im Gasthof Forsthof auf und tanzen zu den von ihnen dargebotenen Gstanzln den typischen Traunviertler Landler.

Die Funktion eines Rügebrauchs kommt vor allem darin zum Ausdruck, dass in den Strophen der Gstanzln – dem Faschingsdienstag entsprechend – Missgeschicke oder Verfehlungen bekannter Persönlichkeiten des Ortes, der Region oder des Landes auf lustige Weise angeprangert werden. Das belustigt das Publikum, weil – unter Berufung auf die am Faschingsdienstag geltende Narrenfreiheit – ansonsten tabuisierte Insiderinformationen über diese Personen preisgegeben werden.

Zudem wird durch das Absingen der lustigen Gstanzln die Identifikation mit den angesungenen Persönlichkeiten gestärkt, weil durch das Preisgeben ihrer Missgeschicke, ihrer menschlichen Schwächen und ihrer Verfehlungen die hierarchische Distanz zwischen den verschiedenen gesellschaftlichen Schichten durchbrochen wird.

Der erste Adventsonntag markiert den Beginn des Kirchenjahres und damit auch einen neuen Abschnitt in der Brauchtumsfolge.

Ein Besuch im Postamt Christkindl (links unten), um den weltbekannten und aus jährlich wechselnden Weihnachtsmotiven bestehenden Sonderstempel samt Marke zu bekommen, zählt ebenso zu den Höhepunkten des oberösterreichischen Adventbrauchtums, wie die Besichtigung von Weihnachtskrippen (z. B. der Christkindler-Krippe; rechts unten).

The first Sunday in Advent marks the beginning of a new season of customs.

The post office in Christkindl (below left) which offers a special Christmas post office and franking machine is one of the highlights of the Upper Austrian advent season as well as visiting nativity scenes like the one in Christkindl (below right).

Mittlerweile ein fixer Bestandteil im heimischen Weihnachts- und Neujahrsbrauchtum ist auch der Adventkalender von Steinbach an der Steyr; an jedem Dezembertag bis Weihnachten erscheinen dort in den Fenstern der Häuser am Ortsplatz unterschiedliche weihnachtliche Motive.

Oberösterreichs Adventmärkte, etwa im Schloss Weinberg bei Kefermarkt (links), bieten nicht nur traditionelles weihnachtliches Kunsthandwerk, sondern auch regionaltypische Speisen und Möglichkeiten zum geselligen Beisammensein von Jung und Alt.

A „must" in the Christmas and New Year tradition: the advent calendar of Steinbach an der Steyr: one of the windows on the main square of the town opens with a new motive every day in December till Christmas.

Upper Austria's advent bazaars like the one in Weinberg Castle near Kefermarkt (left) offer a wide range of traditional artefacts and local fare and bring young and old together.

Historisch gewachsen und trotzdem voller

Betrachtet man das in Oberösterreich ausgeübte Brauchtum in seiner Gesamtheit, so fällt auf, dass die Ausübung vieler Bräuche ein wichtiger Schritt zur Bewahrung der volkskulturellen Tradition des Landes ist. Oberösterreichs Bräuche sind aber dennoch keine erstarrten Verhaltensmuster oder Rituale, die – nur, weil die Tradition es vorschreibt – periodisch ausgeübt werden. Im Gegenteil: Oberösterreichs Menschen leben zwar sehr traditionsbewusst, ihre Dynamik und Weltoffenheit führen aber dazu, dass gerade das heimische Brauchtum sich durch besondere Lebendigkeit auszeichnet. Zentrale Elemente vieler hierzulande gepflogener Bräuche, etwa ihr Erscheinungsbild in der Öffentlichkeit, sind deshalb laufend Veränderungen unterworfen. Beispiele dafür gibt es viele, etwa die Herstellung der Nagelschmiedkrippen im oberösterreichischen Ennstal zwischen Garsten und Weyer, die bis zum Beginn des 20. Jahrhunderts den Nagelschmieden vorbehalten war, die während der arbeitsarmen Wintermonate in speziell angefertigten Holzrahmen verschiedene Krippendarstellungen mit Lehmfiguren, sogenannten „Loamnandln“, herstellten.

Mit dem Untergang der Zunft der Nagelschmiede in der Eisenwurzen zu Beginn des 20. Jahrhunderts tritt auch die Krippenbautradition im oberösterreichischen Ennstal in den Hintergrund. Es dauert dann bis in die frühen 80er Jahre des 20. Jahrhunderts, ehe dieses Brauchtum wiederbelebt wird.

Der Bau von Nagelschmiedkrippen ist aber fortan nicht mehr Domäne einer bestimmten Berufsgruppe, sondern er wird – gleichsam als kunsthandwerkliche Tätigkeit – von breiten Teilen der Bevölkerung ausgeübt. Die Zusammensetzung

Dynamik

der Akteure des Brauchs hat sich damit vor dem Hintergrund wirtschaftlicher Entwicklungen geändert.

Traditionelles Brauchtum von Handwerkern: Messerer beim Schwerttanz am Jahrtag der Zunft (Bild links unten)
Knife smiths doing their dance on their guild day (below left)

Zunfthumpen der Ahlschmiede (Bild links)
Commemorative guild mugs of the smiths (left)

Schwertfeger mit den Insignien ihrer Zunft – Fahne, Siegel und Pokal (Bild unten)
Insignia of the guild: flag, seal and cup (image, below)

Die alte Kothmühler Rud anlässlich eines Auftritts bei einer Hochzeit am 13. August 1935. Weil die Rud bei dieser Hochzeit auch die Rud des Bräutigams war, tragen alle Männer einen Hutstammbuschen.
The old Kothmühler guild at a wedding in 1935: all the men wear their garlands on their hats showing that the groom is a member.

Oberösterreichischer Brauchtumskalender

Brauchtum zum Jahresbeginn		
1. Jänner	Aperschnalzen	Linz
5. Jänner	Glöcklerläufe	Gmunden, Traunkirchen, Bad Ischl
6. Jänner	Sternsingen	ganz Oberösterreich
Rosenmontag	Ebenseer Fetzenfasching	Ebensee
Faschingssonntag	Kinderfasching	Freistadt
Faschingsdienstag	Faschingsumzüge	Kirchdorf, Eberschwang und ganz Oberösterreich
	Rudenkirtag	Sierning
	Fasching eingraben	ganz Oberösterreich
Frühlingsbrauchtum		
4. Fastensonntag	Liebstattsonntag mit Trachtenumzug und Lebkuchenverkauf	Gmunden, Bad Goisern
Palmsonntag	festliche Palmbuschenweihe	ganz Oberösterreich
Gründonnerstag	ratschen gehen	ganz Oberösterreich
Karfreitag	Passionsspiele	Mettmach
Osternacht	Abbrennen des Osterfeuers	ganz Oberösterreich
Ostersonntag	Speisenweihe und Eierpecken	ganz Oberösterreich
24. April	Georgiritt	Micheldorf, Scharnstein, Weyer, St. Georgen, Ampflwang
30. April	Maibaum aufstellen	ganz Oberösterreich
Fronleichnam	feierliche Prozession mit dem Allerheiligsten	Frauenstein, ganz Oberösterreich
	als Seeprozessionen	Traunkirchen, Hallstatt, Aschach an der Donau
Brauchtum im Sommer und Herbst		
21. Juni	Sonnwendfeuer	Natternbach, Andorf, Laussa, Gilgenberg, Steyr und ganz Oberösterreich
24. Juni	Johannisfeuer/Sunnawendhansel	
29. Juni	Peterlfeuer	
25. Juli	Autoweihe zu Christophorus	Stadl-Paura, Waizenkirchen
15. August	Mariä Himmelfahrt/ Kräuterweihe	ganz Oberösterreich
Mitte September	festlicher Almabtrieb	Grünau, Hinterstoder
Mitte Oktober	Erntedankfest mit Erntekrone	ganz Oberösterreich
6. November	Leonhardiritt mit Pferdesegnung	Sarleinsbach, Pettenbach, St. Leonhard bei Freistadt, St. Leonhard bei Pucking, Desselbrunn
11. November	Martiniritt / Wolf ablassen	Bad Leonfelden, Klaffer
	Laternenumzug	ganz Oberösterreich
	Martinimarkt	Gleink bei Steyr

Brauchtum zum Jahresende		
Advent	Adventmärkte	Garsten, Weinberg, Sigharting und ganz Oberösterreich
	Ortsplatz als Adventkalender	Steinbach an der Steyr
	Herbergsuchen	Alberndorf, Oberneukirchen
	Sonderpostamt Christkindl	Christkindl bei Steyr
	Turmblasen	ganz Oberösterreich
4. Dezember	Barbarafeiern	Wolfsegg, Linz (VOEST)
	Barbarazweige schneiden	ganz Oberösterreich
5./6. Dezember	Krampus und Nikolaus	Braunau, Obernberg, Eberschwang
	Nikolausumzüge	Schörfling, Freistadt, Roitham
	berittener Nikolaus	Sarleinsbach, Lasberg, Vöcklabruck
	Nikolaus im Heißluftballon	Christkindl bei Steyr
Freitag vor dem Hl. Abend	Christbaumtauchen	Steyr, Schörfling, Schärding
24. Dezember	Friedenslicht	ganz Oberösterreich
26. Dezember	Kripperlroas	Altmünster, Ebensee, Bad Ischl
31. Dezember	Silvesterfeiern mit Bleigießen und Böllerschießen	ganz Oberösterreich

Die erste Brauchtumsveranstaltung am Beginn eines jeden Kalenderjahres ist das traditionelle Aperschnalzen vor dem Linzer Landhaus, das jedes Jahr im Beisein des Landeshauptmannes vorgenommen wird und als sogenannter „Lärmbrauch“ der Vertreibung des Winters dienen soll.
In kleinen Gruppen mit bis zu neun Personen knallen die Aperschnalzer mit ihren vier Meter langen Peitschen.

The first custom of the year is the traditional cracking of whips in front of the Landhaus of Linz: the noise is supposed to drive the winter away.
Small groups of up to nine people crack their four meter long whips.

Neue Bräuche erobern das Land

Wie lebendig die Brauchtumslandschaft in Oberösterreich ist, davon legt ein sehr junger Brauch Zeugnis ab, der im Jahre 1986 von Oberösterreich ausgehend weite Teile der christlichen Welt erobert hat: die Überbringung des Friedenslichtes.

Auf Initiative des Landesstudios Oberösterreich des Österreichischen Rundfunks (ORF) reiste im Jahre 1986 zum ersten Mal ein oberösterreichisches Kind nach Bethlehem, um in der Geburtsgrotte Christi das sogenannte Friedenslicht zu entzünden.

In einer speziellen Laterne nach Linz gebracht, werden seit damals alljährlich am Heiligen Abend mit diesem geweihten Licht zahlreiche Kerzen in Bahnhöfen, öffentlichen Einrichtungen und den ORF-Landesstudios entzündet, von wo das Friedenslicht dann von Privatpersonen abgeholt werden kann.

Was zunächst als Geste des Friedens für die Bewohner Oberösterreichs gedacht war, hat sich längst zu einem international ausgeübten Brauch gewandelt: Denn zahlreiche Menschen in ganz Europa entzünden heute mit diesem Licht die Kerzen ihres Christbaums oder geben es an Freunde, Nachbarn und Verwandte weiter. Die Weitergabe des Lichtes, eines christlichen Symbols der Hoffnung, ist dabei Sinnbild und Mahnung zugleich, dass auch der Friede von Mensch zu Mensch weitergetragen werden soll.

Auch das Halloween-Fest mit seinem Heischebrauch beim Umgang der Kinder zählt zu jenen Festen, die unser Bundesland erst in den letzten Jahren erobert haben. Es mag zwar die Bewertung dieses Brauchs durch die Bevölkerung durchaus zwiespältig ausfallen, weil dem ganzen Fest auch ein gewisser kommerzieller Hintergrund nicht abzusprechen ist, die Tatsache, dass dieser Brauch aber überhaupt hierzulande Fuß fassen konnte, beweist doch, dass Oberösterreichs Bevölkerung, auch wenn sie die Tradition noch so hoch hält, mit ihrer innovativen und weltoffenen Geisteshaltung sich Neuerungen und Veränderungen gegenüber nicht verschließt.

NEUES BRAUCHTUM UND SYMBOL DER HOFFNUNG: DAS FRIEDENSLICHT AUS BETHLEHEM
A NEW CUSTOM AND SYMBOL OF HOPE: THE FLAME OF PEACE FROM BETHLEHEM

Trotz tiefwinterlicher Witterung immer wieder eine Attraktion im Salzkammergut: Der Glöcklerlauf am Vorabend des Dreikönigstages, bei dem die Glöckler, mit Schellen und kunstvoll gestalteten Lichterkappen geschmückt, in der Stadt Gmunden umherziehen.

Deep winter in the Salzkammergut: the „Glöcklerlauf“ on the eve of the Epiphany – the men dash through Gmunden with their artistic lit up hat constructions and noisy bells.

Nicht nur in Tirol und Salzburg sondern auch im südlichen Oberösterreich, im Salzkammergut von Gmunden bis Hallstatt, werden aus Holz kunstvolle Masken geschnitzt, mit denen Menschen zum Beispiel am Krampustag, dem 5. Dezember, verkleidet herumziehen. Der Krampus, eine Art Teufelsdarstellung, verkörpert das Böse im Gegensatz zum heiligen Nikolaus.

Kostümierung ist auch im Fasching angesagt: Weniger prunkvoll denn vielmehr lustig etwa beim Ebenseer Fetzenfasching.

Wooden masks made in the south of the province which the local folk use on 5th December to dress up like Krampus, the demonic counterpart of St. Nicholas.

Carnival time in Ebensee: the costumes here are made of rags and tatters.

Rund um das wichtigste Fest der Christenheit, das Osterfest, wird in Oberösterreich eine Vielfalt an Brauchtum ausgeübt: Während die Glocken nach Rom geflogen sind, also nicht erklingen, verkünden die Ratschengeher mit ihren traditionellen Instrumenten landauf, landab die alten Gebetszeiten.
Der charakteristische Lärm der Ratschen wird erzeugt, indem federnde Brettchen oder kleine Holzhämmer auf eine in Drehung gebrachte, gerillte oder mit Zähnen versehene Holzwalze schlagen.

Prägt ab dem 1. Mai das Ortsbild in allen Gemeinden Oberösterreichs: Der Maibaum, urkundlich erstmals 1466 belegt, wurde er im 17. Jahrhundert verboten und erfreute sich ab dem 19. Jahrhundert wieder grösster Beliebtheit.
Rund um den Maibaum hat sich auch in Oberösterreich ein reges Brauchtum – wie zum Beispiel das Maibaumstehlen oder das Maibaumklettern – entwickelt.

Easter has many traditions in Upper Austria: as all the church bells supposedly fly to Rome, ratchets are used to call the faithful to prayer. The ratchets' noise comes from rubbing a serrated cylinder over a loosely fixed piece of wood.

The First of May is maypole time in most of the villages and towns in Upper Austria. The maypole was first documented in 1466, was forbidden in the 17th century and enjoys a new heyday since the 19th century. Tradition will have it that maypoles are stolen from other towns and young men climb up them to win a prize.

Brauchtumssprüche aus Oberösterreich

I wünsch eng a glücklichs neues Jahr,
die Muatta Gottes am Hochaltar,
's Christkindl ah danebn,
tua a paar Sechserl hergebn!
Oberösterreichischer Neujahrswunsch

Krupf, krupf, ju, ju, hu,
bitt gar schön um an Glöcklerkrapfn,
lasst's uns net lang im Schnee umastapfn.
Gmunden, 1921: Glöcklerspruch

Bitt recht schön um an Allerheiligenstriezel,
aber an weißen, weil an schwarzen kann i net beißen,
aber an langen, denn an kurzen kann i net derklangen!
Heischespruch der Allerseelengeher

Der „Sunnawend-Hansl" brennt! – Das Verbrennen von strohgefüllten Puppen in Sonnwendfeuern soll die Vertreibung böser Geister nach sich ziehen und ist in Oberösterreich sehr beliebt.
Sonnwendfeuer zählen zu den sogenannten Feuerbräuchen, die kalendarisch stets an bestimmte Termine gebunden sind.
Neben den Sonnwendfeuern kennt der Volksmund in Oberösterreich auch Faschingsfeuer („Fasching verbrennen"), Osterfeuer und neuerdings sogar Bergfeuer (Mitte August).

The summer solstice is celebrated by burning a straw filled doll to drive away evil spirits and is very popular in Upper Austria.
Fires at the summer solstice belong to the fire customs bound to certain celebrations. Other fires are lit to end the carnival season, at Easter and the "mountain fire" which is celebrated in the middle of August.

Brauchtum kann nur dann lebendig bleiben, wenn es Menschen gibt, die es ausüben und pflegen. Oberösterreich verfügt glücklicherweise über eine Vielzahl an volkskulturell engagierten Vereinen und Brauchtumsgruppen, die mithelfen, das heimische, bodenständige Kulturgut zu bewahren – so etwa die zahlreichen Goldhaubengruppen und Musikkapellen.

Zusätzlich zum Jahresbrauchtum gibt es auch das sogenannte „Lebensbrauchtum“: Ob Taufe, Hochzeit oder Begräbnis – bei all diesen Ereignissen im Leben werden bestimmte Riten und Bräuche ausgeübt; dem Musizieren kommt dabei naturgemäss besondere Bedeutung zu.

Tradition is only alive if there are folk to carry it on. There are so many traditions in Upper Austria kept alive by local groups like the "Goldhauben"(golden bonnets) groups and various brass bands.

Other customs and traditions are associated with the course of life: baptism, wedding or funeral. Here certain rites and customs are used all accompanied by music.

Ob Innviertler Landler oder Traunviertler Landler, ob Polka oder Bandltanz – der Volkstanz als Ausdruck der Lebensfreude verleiht vielen Festen in Oberösterreich ihren ganz besonderen, unverwechselbaren Reiz.

Folk dancing, be it the Inn- or Traunviertler Landler or polka, is the essential expression of life and lust at many festivals.

FESTIVALS AND CELEBRATIONS CUSTOMS IN UPPER AUSTRIA'S FOLKLORE CULTURE.

What would life be without Customs? Weeks, months and years would pass without any form of festival or celebration. It is exactly here that the people of Upper Austria get enthusiatic, experience a feeling of togetherness and it is here that the highly acclaimed awareness of tradition finds its home.

"A deeper sense lives in old customs and one must honour them" is a sentence taken from Friedrich Schiller's drama "Maria Stuart" and this exemplifies the value of customs and traditions in society.

Upper Austria's folkloric traditions and customs are highly esteemed. Virtually every municipality has its own century – old traditions which are kept up and they celebrate different festivals in which locals and guests take part.

Three groups of Customs, Festivals and Celebrations

The numerous and diverse field of customs and traditions which are practised in Upper Austria can be easier understood when put into three categories.

The first category could be described as dealing with life customs – festivals and customs surrounding the life cycle. It begins at birth and the baptism of an infant and ends, naturally, with his or her death. The most well known of these are those customs surrounding weddings like "abducting the bride" who then has to be "bought free" again by the groom. Another is the death vigil or lying in state and the wake, especially in the countryside of Upper Austria.

The second category could be titled "Annual Customs". These are usually traditional festivals and customs celebrated according to the calendar. Some have a fixed date like 1st May when May poles are put up and others are "movable feasts" such as the Easter Fire during the Easter Vigil or sumptuous Corpus Christi processions especially those in Traunkirchen and Hallstatt where this takes place as a "lake procession" i.e. in boats.

The third category comprises festivals and traditions of so-called "request or reprimand" customs by which those carrying out the custom go and request a sacrifice from others or reprimand them as to bad behaviour. One of these customs was the round of mendicants at All Saints in the Inn- and Mühlviertel particularly during the first twenty years after the Second World War. The idea behind this was that lost souls would wonder about at this time of the year and in their stead poor people or children went from door to door. The poor were then given various decorated loaves of bread by the donors after hearing their reprimands. After receiving the loaves, the poor would say "God shall repay thee for the poor souls". Parallels may be found in today's Halloween where children ask for sweets after the threatening "trick or treat".

There were, of course, other reprimanding customs such as the "Sierninger Rudenkirtag" which takes place since 1732 on Shrove Tuesday in Sierning. Here, all the most important folk dancing societies meet in this town in the iron mining district from Upper and Lower Austria.
The main feature of this festival is "Rhyme singing". Each of the groups appear for half a day in the parish or inn and dance and sing their rhymes to the typical "Landler" (i. e. waltz) melody. Here, poking fun at the authorities or mentioning the mishaps of the local VIPs is all part of the fun and goes hand in hand with typical Shrove Tuesday tradition: criticism of "those above" is thus broken down and social divides diminished.

Grown through History and yet still dynamic

Customs on the whole go towards preserving folklore and tradition. This does not mean, however, that they are static or ritual like and only performed as "tradition" requires of it. On the contrary: Upper Austrians are traditionally conscious but their dynamic attitudes and openess makes their customs very lively. This is evident in that most traditional events take place in public and

Im Herbst, von Mitte September bis Anfang Oktober, wenn sich das Jahr allmählich dem Ende zuneigt, ist es Zeit, das Vieh von Oberösterreichs Almen zurück ins Tal zu bringen. Aus Dankbarkeit dafür, dass das Vieh gut gediehen und keines verunglückt ist, werden die Tiere festlich geschmückt.
Der Almabtrieb im Brunnbach bei Grossraming erfreut sich mittlerweile so grosser Beliebtheit, dass sogar Gäste von ausserhalb Oberösterreichs anreisen, um dieser Brauchtumsveranstaltung beizuwohnen.

In autumn, from the mid of September onwards, it is time to bring the cattle down from the mountain pastures back to the valleys. The animals are decorated as a sign of gratitude for a good summer season.
Bringing the cattle down (“Almabtrieb”) is such a colourful spectacle in Brunnbach near Grossraming, that people come from beyond the province to see it.

are, therefore, open to change. One example of this is the creation of the "nail smith nativity scenes" in the Ennstal between Garsten and Weyer which was previously the privilege of the nail smiths till the 20th century. These nativity scenes had wooden frames and clay figures and were made in the winter months when work was scarce. The guilds of the smiths vanished in the Eisenwurzen at the beginning of the 20th century and the production of the nativity scenes declined. It was only in the early 80ies of the 20th century that this tradition was revived. These nativity scenes are now made by many people in Upper Austrian society. Here authentic interest superceded economic changes.

New Customs conquer the Province

Just how lively and vivid the traditional landscape of Upper Austria really is, can be seen in a new tradition of conveying the "Flame of Peace", a "new" tradition since 1986, which has "conquered" the Christian world.
It was an iniative of the local branch of the Austrian Broadcasting Corporation (ORF). For the first time in 1986, an Upper Austrian child travelled to Bethlehem to bring back the flame from the place of Christ's birth, in a special lantern. This flame is then used to light all the candles used at stations and public buildings and the premises of the ORF from which it is then passed on to the public for Christmas Eve.

This now has become an international custom: people from all over Europe pass the flame on to friends, neighbours and relatives and from Linz to the Pope in Rome. Passing on the flame of Hope is also a symbol and warning all in one: Peace should be carried from one person to another.

Halloween is another new tradition especially amongst young children. Upper Austria was one of the first provinces to be hit by the trend and it has been taken up here with very mixed feelings as it is seen as a mere commercial "gag" but even this new "custom" goes to show that Upper Austria is still open to something new.

In Oberösterreich ist es Brauch, dass zu vielen kirchlichen Festen die Glocken geläutet werden. In der Wallfahrtskirche Frauenstein wird dieses Geläut noch per Hand betätigt.
Diese anstrengende und schweisstreibende Aufgabe ist jungen Burschen vorbehalten.

It is the custom in Upper Austria to ring the bells for church festivals. This tough job is left to the boys at the pilgrimage church of Frauenstein.

Erntedankfeste mit dem Umzug und der Weihe der Erntekrone sollten die Freude der Oberösterreichischen Bauernschaft über eine reiche Ernte zum Ausdruck bringen. Sie werden in fast allen Pfarrgemeinden des Landes gefeiert.

Georgi- und Leonhardiritte sind ebenfalls Höhepunkte des heimischen Brauchtums im Herbst. Sie werden im Gedenken an den heiligen Georg und an den heiligen Leonhard ausgeübt, wobei letzterer auch ein bäuerlicher Viehpatron ist und daher die Ausübung des Brauches hoch zu Ross eigentlich nahe liegt.

The harvest festival with its procession and the blessing of the harvest crown illustrate the farmers' gratitude for the rich harvest. It is celebrated in nearly every parish round the country.

Another autumn custom is the blessing and riding of horses on St. George's Day and St. Leonhard's Day (the farmers' patron saint for cattle).

Literaturverzeichnis

ASSMANN, DIETMAR: „Heiligenverehrung und Wallfahrten", in: Oberösterreichisches Landesmuseum (Hg.): Volksfrömmigkeit in Oberösterreich, Landesverlag, Linz 1965, S. 9–16

BECKER-HUBERTI, MANFRED: Feiern/Feste/Jahreszeiten, Lebendige Bräuche im ganzen Jahr, Herder, Freiburg 1998

DROSTE-HERMINGS, JULIA: Oberösterreich. Du-Mont-Kunstreiseführer, Köln 1998

EULER-ROLLE, ANDREA: Zwischen Aperschnalzen und Zwetschkenkrampus. Oberösterreichische Bräuche im Jahreskreis, Landesverlag, Linz 1993

FOCHLER, RUDOLF: Von Neujahr bis Silvester: Volkstümliche Termine in Oberösterreich, Landesverlag, Linz 1971

HAIDER, SIEGFRIED: Geschichte Oberösterreichs, Verlag Geschichte und Politik, Wien 1987

HOLTER, KURT: „Die bildende Kunst im Überblick", in: Amt der oö. Landesregierung (Hg.): Tausend Jahre Oberösterreich. Das Werden eines Landes, Welsermühl, Wels 1983, S. 179–198

KLINGER, JOACHIM: Oberösterreich. Vier Viertel – Ein Paradies, Brandstätter, Wien 1998

KRÄTER, REINHOLD: „Vom Innungspokal zum Rudenkirtag. Volkskultur in der oberösterreichischen Eisenwurzen", in: Roman Sandgruber (Hg.): Land der Hämmer. Heimat Eisenwurzen, Katalog zur OÖ. Landesausstellung 1998, Residenz, Salzburg 1998, S. 251–257

PÖMER, KARL: Oberösterreich/Upper Austria. Geschichte – Kultur – Menschen, 5. Auflage, Rudolf Trauner Verlag, Linz 1997

SAMHABER, FRIEDRICH: Höhepunkte mittelalterlicher Astronomie. Begleitbuch zur Ausstellung im Schlöss Peuerbach, Wambacher, Raab 2000

SCHOBER, FRIEDRICH: Kapelle, Kirche, Gnadenbild. Ein kunstgeschichtlicher und volkskundlicher Führer zu Wallfahrtsstätten in Oberösterreich, Brandstätter, Linz 1972

WELTIN, MAX: „Vom ‚östlichen Baiern' zum ‚Land ob der Enns'", in: Amt der oö. Landesregierung (Hg.): Tausend Jahre Oberösterreich. Das Werden eines Landes, Welsermühl, Wels 1983, S. 23–52

ZAUNER, ALOIS: „Tausend Jahre Oberösterreich" in: Amt der oö. Landesregierung (Hg.): Tausend Jahre Oberösterreich. Das Werden eines Landes, Welsermühl, Wels 1983, S. 1-22

ZAUNER, FRIEDRICH: Oberösterreich, Pinguin, Innsbruck 1984

Fotonachweis

AEC: 182, 183

Kraml, Wolfgang: 12, 32 u., 48 o., 50 u., 52, 108 o., 120 o., 140, 198

Kräter, Reinhold: 51 o., 53 u. li., 103, 104 o., 114/115, 120 u., 125 u.

Land Oberösterreich: 186, 188, 189
Landesbildstelle: 75
Mehrwald: 152
Scheucher: 152

Landestheater Linz: 186 (© atelier artner), 187 (© Christian Brachwitz)

LIVA (© Steven Mastroianni): 155

Oberösterreich Tourismus:
Chlupacek: 122 u.
Daniel: 117 u.
Gamsjäger: 116 u.
Heilinger: 14, 23 o., 111 u. li.
Himsl: 18, 117 o., 227 o. re.
Höfer: 99, 227 u. li.
Kunst: 111 o.
Okolicsanyi: 42 o. li.
Popp: 12, 16 li., 17, 19, 22 o., 115 u., 116 o.
Schwager: 205, 215
TR-MV, Studio 4: 226 o., 227 o.
Westermann: 23 u.
Wiesenhofer: 56

Oberösterreichisches Landesarchiv: 84, 85

Oberösterreichisches Landesmuseum: 69 u.

ORF – Landesstudio Oberösterreich: 220

Österreichwerbung: 13, 16 re., 33
Bohnacker: 100
Jezerzansky: 113
Pigneter: 110 m.

Pömer, Karl: Kunst in Oberösterreich, Trauner Verlag, 1985
Gangl 69
Mejchar: 163 li., 178 re.

Pömer, Karl: Oberösterreich, Trauner Verlag, 1996
Beckel: 21
Bohaumilitzky: 174 re.
Eiersebner: 11, 70 li., 71, 72, 73, 79, 80 li., 81 re., 82 o., 162, 165, 166 li., 174 li., 178 li.
Entlicher: 70 re., 78 re., 168, 173
FF Wels, Archiv: 87 o.
Heimathaus Bad Ischl: 83
Nordico – Museum der Stadt Linz, Michalek: 78 li.
Land Oberösterreich, Landesbildstelle: 75
Oberösterreichisches Landesarchiv: 74 li.
OÖN – Archiv: 88
Österreichische. Nationalbibliothek: 151 (Wagner-Jauregg, Werndl, Stifter, Bruckner)
Schacherreiter: 169
Stiftsmuseum Klosterneuburg: 77 re.
Volkskundehaus Ried im Innkreis: 80 re.

Bildnachweis

WERKGARNER-GANSER: 76 li.
WIDDER: 81 li., 160 re., 164

SPERER, HEINRICH: Umschlag, 5, 12, 15 o., 15 u. re., 20, 22 u., 24, 25, 26 u., 27 u., 32 o., 44, 46 u., 50, 51 u., 53, 54 u., 55, 60, 61, 63, 65, 66/67, 68, 76/77, 82 u., 93, 96/97, 98, 102, 104 u.106 u., 107 o., 109, 110 u., 111 u. li., 122 o., 125 o., 128, 129, 133, 134, 135, 138, 139, 144, 145 o., 146 u., 148, 149 o., 158, 159, 161, 167, 170 o., 171, 172, 191 m., 193, 195, 196 o., 207, 209, 222 o., 230

WURST, PETER: Umschlagrückseite, 4, 5, 8/9, 12, 14, 15 u. li., 26 o., 27 o., 28, 29, 30, 31, 33 o., 34, 35, 36, 37, 38, 39, 40, 41, 42, 43, 45, 54 o., 57, 58/59, 59, 69, 74 re., 87 u., 91, 100, 101, 106 o., 107 u., 108 u., 110 o., 114 u., 118, 119, 121, 123, 124, 126, 127, 130, 131, 136/137, 141, 142, 143, 144 m., 145 u., 146 o., 147, 148 u., 151 u. li. und m., 152 o. li. und u. re., 160 o., 163, 166 re., 170 u., 175, 177, 179, 180, 181, 183 o. re., 184, 185, 190/191, 192, 196 u., 197, 199, 200, 201, 203, 204, 205, 210/211, 213, 214, 219, 221, 222 u., 223, 224, 225, 226 u., 229, 231 o.

UNIVERSITÄT LINZ: 58

VEREIN EISENSTRASSE: 216, 217

WERKSFOTOS:
BMW: 49
ENERGIE AG OBERÖSTERREICH: 105
LENZING AG: 49
SENSENWERK SONNLEITHNER: 46 o.
VETROPACK KREMSMÜNSTER: 48 u.
VOEST 47